国家社科基金"政策性金融助推环保技术扩散的动力机制及效应研究"（项目编号：20BJL041）、山东省社科规划重点项目"科技金融推动山东省科技-产业-金融良性循环的机制与路径研究"（项目编号：23BKRJ02）、山东省人文社会科学课题"政策性金融助推环保技术扩散研究"（项目编号：2023-2k2d-015）和山东省青年社科人才团队"政策性金融与生态环保产业高质量发展创新团队"资助

新商科文库

Policy Finance and Environmental
Technology Diffusion

政策性金融与环保技术扩散

宋英杰　张丰奇／著

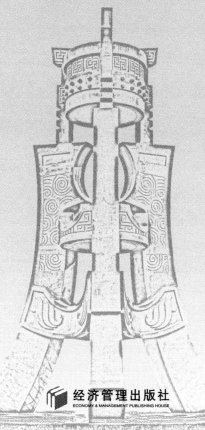

经济管理出版社
ECONOMY & MANAGEMENT PUBLISHING HOUSE

图书在版编目（CIP）数据

政策性金融与环保技术扩散 ／ 宋英杰，张丰奇著.
北京：经济管理出版社，2024. -- ISBN 978-7-5243
-0121-9

Ⅰ. X321.2

中国国家版本馆 CIP 数据核字第 2025WU5427 号

组稿编辑：赵天宇
责任编辑：赵天宇
责任印制：许　艳
责任校对：蔡晓臻

出版发行：经济管理出版社
　　　　　（北京市海淀区北蜂窝 8 号中雅大厦 A 座 11 层　100038）
网　　址：www.E-mp.com.cn
电　　话：（010）51915602
印　　刷：唐山昊达印刷有限公司
经　　销：新华书店
开　　本：720mm×1000mm/16
印　　张：13.5
字　　数：188 千字
版　　次：2025 年 4 月第 1 版　　2025 年 4 月第 1 次印刷
书　　号：ISBN 978-7-5243-0121-9
定　　价：88.00 元

目 录

第一章

绪论

第一节　研究背景

科技进步无疑是当前推动经济增长和社会进步的重要引擎。党的二十大、党的二十届三中全会、"十四五"国家科技创新规划，以及《国家创新驱动发展战略纲要》中，多次强调要深化推进科技创新的保障机制、构建普惠性创新金融支持政策体系、加强科技与金融资本等要素的融合。在我国正大力推动的新旧动能转换重大工程中，科技创新被视为核心主线。作为"第一生产力"，科技能否及时、有效地扩散，对于将技术转化为实际生产力至关重要。与此同时，"双碳战略"作为未来一段时期中国乃至全世界的重要发展战略，已经深刻地影响到了经济和社会发展的各个方面。扎实推进绿色低碳发展、积极参与应对气候变化全球治理具有重要意义，而要有效实现环境可持续发展，切实实现双碳目标和绿色低碳发展，环保技术的有效扩散不可或缺。

技术的扩散可以推动技术的升级和更新，促进产业升级，实现国家创新驱动发展战略，还能够推进供给侧结构性改革。然而，在技术扩散的过程中，不同技术类型存在示范推广、产权保护、成果转化等问题，需要政府采取一系列规制措施来激励、诱导和规范。同时，在技术扩散规制的实践中，政策性金融工具的作用长期被忽视，尤其是在新时代金融体制改革不断深化、经济处于新常态的情况下，部分地区存在金融"脱实向虚"产生了地区科技成果转化渠道不畅等问题，环保技术有效推广和扩散始终没有得到政策性金融的有力助推。通过加强金融支持和制度建设，进一步推进环保科技创新和技术扩散，将为国家的发展注入新的活力，实现经济社会的可持续发展。因此，探索其中的内在机理，实现金融供给侧结构性改革对环保科技创新和扩散的有力助推，将科技的有效扩散转化为持续的新动能，其理论和实践意义重大。

第二节　概念界定

一、政策性金融

19 世纪后期，在法国产生了政策性金融的理念。1894 年，法国政府建立的"农信社"是第一个得到广泛认可的政策性金融组织。在对政策性金融的定义上，学术界存在着以下三种主要的观点：一是政策性金融指的是一个国家或地区的政府或政党，为了达到一定的政治目的和经济目的，而实施的一系列指令性金融活动的总和。二是政策性金融是在政府的扶持下，基于国家的信誉，采取某种筹资方式，严格按照法律和法规规定的业务范围和经营对象，按照优惠的利率，与国家的政治和经济政策相一致，开展的资金筹集活动，也被称为政府金融。三是"政策性融资"与"商业性融资"相对。商业性金融指的是一种以利益最大化为目的的金融形态，而政策性金融并不将盈利作为主要目的，它的存在是为了将国家的产业政策和发展战略等宏观调控措施落实到位。自政策性金融诞生以来，无论是凯恩斯的"有效需求"理论还是"信息经济"理论，都围绕着长期存在的问题展开，那就是"资源配置的目的"和"方法"。可以说，政策性金融的发展离不开上述理论的提出与完善，而这也为政策性金融的持续改革打下了坚实的理论基础。

本书所涉及的政策性金融，是指在一国政府支持下，以国家信用为基础，运用各种特殊的金融工具，严格按照国家法规限定的业务范围、经营对象，直接或间接为贯彻、配合国家特定的经济和社会发展政策，而进行的一种特殊性资金融通行为。它是一切规范意义上的政策性贷款，一切带有特定政策性意向的存款、投资、担保、贴现、信用保险、存款保险、利息补贴等一系列特殊性资金融通行为的总称。政策性金融有狭义和广义之分，二者虽有不同，却又有着某种内在的联系。狭义的政策性金融是与商业金融相对的一种特殊融资形式。从我国实践来看，国家设立专门的政策性金融机构，主要包括中国进出口银行、国家开发银行、中国农业发展银行，通过政策性专项贷款等，从而推动了体现国家政策导向的特定领域的可持续和健康发展。在当今市场经济快速发展的大环境中，一些行业或领域常常无法承担商业银行的高额贷款，同时由于信用风险太高，商业银行也不愿意为他们提供融资服务。所以，要保证这类产业或领域的健康发展，就必须有政策性金融的支持。一般是由国家出资建立的政策性金融组织，对一些与发展状况不佳的行业和领域进行融资。与商业银行相比，政策性银行放贷的利息要低得多。广义的政策性金融是指在一国政府的支持下，以国家信用为基础，为了贯彻和落实国家特定的经济和社会发展政策，通过政策性银行、政府引导基金、财政贴息、商业银行的政策性优惠利率、资本市场的绿色通道、政策性保险等一系列的资金融资活动，弥补市场经济环境下纯商业金融机构的先天不足而采取的特殊的制度安排，它是一种为保护社会中实力较弱的人所享有的金融发展与平等权利而进行的一种制度安排。同时，也是将政府与市场这两种资源配置主体、财政拨款与商业金融这两种资源配置方式联系起来，形成的财政与资金、市场与公共的统一、市场失灵与政府调节的统一的制度体系。

二、环保技术

环保技术，又被称为"绿色""清洁"技术，是指运用科技手段来改善或保护环境的一种技术或管理方法，是为了保护、监控或降低给环境带来的不利影响而开发出来的新技术。其用途广泛，包括空气质量控制、水资源管理、土壤污染治理，以及能源利用，虽然科技会对环境产生不利影响，但是近年来越来越多的人注意到气候变化，从而产生了新的环保科技，目的是改善我们目前面临的环境问题，使其朝着可持续发展和低碳经济的方向发展。环保技术是为了消除或减少企业行为、人类活动等对环境所造成的不利影响，是一种有利于生态平衡的技术，它主要包含了三个不同层面：为了降低环境污染状况而对污染物进行处理的终端技术；清洁的处理技术，该处理技术利用先进的科学和技术来改善生产处理，从而降低污染的产生；以产品为导向的环境保护技术，其将环境污染的类型或污染物的类型纳入产品的寿命周期，并在设计阶段将其纳入考虑范围。

最早对技术扩散问题进行研究的是美籍奥地利经济学家熊彼特。1912年，他在《经济发展学说》中提出了技术扩散的观点。他把技术进步的过程分为发明、创新和扩散三个阶段，并把技术扩散的本质看作"模仿"。当一项新的技术被少数企业采用时，会产生额外收益，而额外收益又会吸引更多的企业"模仿"该技术，从而推动该技术在行业内的扩散，从而提高区域技术水平，推动区域经济发展。

一项新技术或新产品通过某种方式被传播出去，使人们对它的使用价值有了认知，并在生产生活中得到广泛的应用。环保技术扩散，是实现资源高效利用、保护环境、实现可持续发展、实现工业化、现代化的必然选择。1999 年，我国根据《中华人民共和国促进科技成果转化法》有关法律条文，通过鼓励采用技术先进、经济合理的环保实用技术，制定了《国家重点环境保护实用技术推广管理办法》，实施 20 多年，增强了企业的环保意识，还促进了环保技术的创新、开发、转移和应用，从而推动了环保行业的快速发展。本章以广义的环保产业概念为基础，对环保技术的扩散进行了定义，即通过筛选、宣传、对接、转移、示范、引导、咨询服务等方式，在排污企业生产的源头预防、过程控制和末端治理等过程中普及应用环境污染防治的科技成果和实用技术。在环保技术扩散中一般分为国内技术扩散和国际技术扩散两种类型。在扩散的过程中，可以将目标的技术、技术的宣传推广、对接运用、反馈的完善等步骤进行下去。当前，环保技术扩散的模式也在持续地进行着创新，不仅是国家政策的推动，技术供应方需求方自主对接的方式也越来越多，但这些方式都还处于摸索阶段。

第三节　理论梳理

一、资源配置理论

在市场机制的影响下，资本会流向经济效益较好的部门，而相对社会效益较好但自身效益较低的部门，则没有资金的支持，因此就出现了地区之间和行业之间强者愈强，弱者愈弱的现象。环保产业对于一个国家的总体经济利益以及社会经济的发展都具有十分重要的作用。现在，环保产业在我国还处在发展的初级阶段，但它所带来的经济效益和社会效益都不可低估。这就要求政策性金融在环保产业发展中起到更大的作用，为其提供更多的资金支持。

二、准公共品理论

"准公共物品"是指对既有"公共物品"又有"私有物品"特点的一种商品或服务进行研究的一种理论。准公共物品不仅具有非排他性（不能完全禁止别人消费）、非竞争性（不能降低别人的消费），而且还具有一定的排他性、竞争性。

政策性金融也是一种准公共物品，是国家调控经济，推动产业升级的主要方式。同时，也要从"准公共物品"的定义、"政策性金融"的本质特征等方面来考察其与"准公共物品"的关系。政策性金融是一种特殊的金融资源，它区别于一般的商业性金融，也区别于政策性银行，是政府在特定时期对经济发展具有重要影响的资金融通活动。政策性金融是一种特殊的金融资源，它的数量是有限的，只有在达到了某种程度的经济效益和社会效益之后，才可以被分配到其他的稀有资源中去。在这种情况下，政策性金融资源的分配一旦完成，如果没有得到合理的分配，那么个人将失去分配的机会。

但是，由于政策性金融对于资源使用目标的明确性，使其在发展过程中表现出了一定的非竞争、非排他性。环保技术的发展能够带来巨大的环境与社会效应，如减少污染、降低碳排放、提高资源利用率等，是一种"准公共产品"。但是，目前我国绿色产业发展面临资金短缺、投资回报周期长、技术风险高等问题，使民间资本无法被市场所激励。在此背景下，政策性金融作为一种政府介入手段，可以弥补市场失灵，促进企业绿色转型，实现社会和环境的公共利益，并提供准公共品，进而促进可持续发展目标的实现。

三、外部性理论

外部性理论又被称为外部效应或外部经济，它是一种用来揭示市场经济失灵现象的基本效应的经济学概念。该理论最早由马歇尔提出，他认为，市场机制的不完善会引发资源浪费与环境恶化，最终损害了整个社会的利益。外部性是指市场中一个主体的行为会对其他主体的行为造成一定的影响，但这些影响并不能用市场价格来反映。它又可以被划分为正面的、负面的外部性。正外部性对其他经济活动的影响是正面的，而负面的外部性对其他经济活动的影响是负面的。

在我国，"外部性"是我国绿色金融发展的基础性理论。该理论的提出，为理解社会资源分配"黑箱"问题，提出了一种新的视角。外部性产生的原因是产权模糊。科斯定理指出，当产权明晰时，市场的均衡状态就会趋近于帕累托最佳状态，从而可以在不同的市场中得到最大限度的资源配置。为此，必须从体制上消除环境问题所带来的负面外部性。目前，我国正面临着严重的环境污染和日益严重的生态破坏，而这一切都是传统的经济发展方式所造成的。绿色金融具有显著的正外部性，在市场价格系统中，政府和金融机构都可以利用绿色金融的政策，在绿色投资行为中，对其产生明显的正外部性，而对环境污染的投资则具有明显的负外部性。政府通过政策引导，使环保投资转化为收益，而对环境造成负外部性影响的环保投资变成了收费或损失。只有通过这种方式，才能提高绿色金融的积极效应，实现社会效益最大化，推动经济和社会的健康发展。

四、金融可持续发展理论

白钦先提出的金融可持续发展理论，是我国金融可持续发展理论的基础，对实现金融可持续发展有着极高的理论价值和实际指导意义。该理论将金融可持续发展看作一项国家发展的必然策略，也是在全球化、经济金融化的大背景下，所有国家都必须面临的一项挑战。随着金融全球化进程的不断深入，各类金融理论不断涌现，并以较快的速度发展和创新。金融学是一个不断演进的过程，是为了适应历史和时代的变化，它需要用科学的研究方法来进行分析、验证及理论支撑，以实现理论与实践相结合。金融可持续发展理论是在经济可持续发展理论基础上发展起来的，它是一门以金融理论为基础，以金融理论、金融市场等为主要内容的新兴金融理论。在财务走向虚拟的同时，财务的独立性与持续性问题也越来越引起人们的重视，可持续发展问题也随之产生。

金融可持续发展需要在质性金融与量性金融之间进行协调，从而推动金融的良性发展。在具体的实施过程中，可以通过完善体制机制、有效地配置有价值资源等方式进行。提升金融效率能够推动金融可持续发展，需要构建健全的金融管理制度，实现金融资源的帕累托效率配置。

第四节　研究目的与研究意义

一、研究目的

第一，解析政策性金融助推环保技术扩散的动力机制。将政策性金融要素内生化融入环保技术扩散系统内部，从理论上掌握政策性金融助推环保技术扩散的动力机制和演变趋势。

第二，评估政策性金融对环保技术扩散的助推效应。分别从碳排放规制以及政府引导基金、商业信贷和科技保险等方面结合实证数据分析方法，确认政策性金融在助推环保技术扩散过程中的特征和相关效应。

第三，构建助推环保技术扩散的政策性金融体系。结合理论和实证研究结论，针对性制定助推我国环保技术扩散的政策性金融体系及实施策略，实现政策性金融对环保技术扩散的科学化、精准化、高效化助推。

二、研究意义

第一，从政策性金融角度探寻环保技术扩散的助推机制。通过金融政策进行宏观总量调节的研究居多，针对金融政策在特定领域的结构性调节相关研究缺乏。本书从政策性金融的角度探寻其对环保技术扩散的动力机制和助推效应，拓展了环保技术扩散助推机制的视角和思路。

第二，采用实证数据分析方法对助推效应进行检验。环保技术扩散及政策性金融在助推过程中具有的复杂特征，已有的线性实证方法难以满足研究需要，分别从碳排放规制以及政府引导基金、商业信贷和科技保险等方面结合非线性数据分析方法，进行助推效应的检验，确保研究结论的可靠性和准确性。

第三，构建了助推环保技术扩散的政策性金融体系。将政策性金融对环保技术扩散的助推作用，从科技引导基金支持体系、商业银行信贷支持体系、科技保险体系和制度保障体系等方面深化了政策性金融体系助推环保技术扩散的研究内容。

第五节 研究的思路框架

本书的研究思路框架如图 1-1 所示。

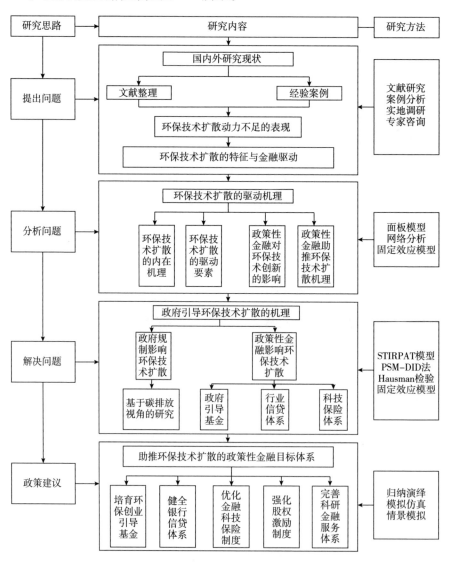

图 1-1 研究的思路框架

第二章

文献综述

第一节 政策性金融的调控功能

在我国经济发展与转型过程中,政策性金融发挥了重要作用。政策性金融作为新兴交叉学科领域,是区别于商业性金融的,它是一种直接或间接服务于国家特定经济和社会发展政策的特殊制度安排。1994 年,国家开发银行在北京成立,标志着我国政策性金融的正式运行。白钦先(1999)开创性地对政策性金融相关理论进行了系统概述。广义的政策性金融,不仅涉及政策性金融机构的资金借贷行为,还包括体现政策性意向的投资、担保、保险、金融中介等一系列资金融通行为。与商业性金融不同的是,政策性金融的本质特征是公共性,其不以利润最大化为目标,而以贯彻执行国家的经济政策、产业政策、社会政策或意图为最高宗旨,因此白钦先和张坤(2019)认为作为政府发展经济、促进社会进步、宏观经济调控的管理工具,政策性金融发挥着商业性金融无法替代的作用,需要其在经济层面贯彻国家政策和实现发展目标。

后续众多学者对政策性金融体系及功能进行了持续研究。王朝才(1995)系统探讨了财政投融资的功能定位,他认为由于财政投融资体系的决策、运行机制不同于一般市场性金融体系,不宜由中央银行管理,大多数国家是由财政部门负责管理工作;杨灿明(1993)围绕我国财政的长期投融资体系,结合实践分析了有待完善的领域,要使政策性金融发挥作用,需要适当采取一系列经济政策与措施,而其中一个重要的方面就是大力发展国家财政信用;贾康和孟艳(2009)探索了政策性金融服务市场化运作的新型模式，他发现专门政策性金融中介机构需要在深化改革的同时继续存在，并且在补充完善某些专门的政策性金融机构之后，还应要求其在政策性金融业务的提供方面，发挥骨干作用。招投标方式政策性金融业务与专门政策性金融机构的金融业务，应当相互呼应、补充，并行不悖；Hugonnier 和 Morellec（2017）等先后对政策性金融体系与机构建设进行了相关研究。王伟（2019）则分析了政策性融资的外延体系构成以及中国政策性融资体系发展概况，他提出要对理论研究的重点内容进行解释和展望并提升到一般理论的高度进行抽象、概括和深入系统的研究，最后的目标是构建中国特色政策性融资学，提升中国政策性融资的学术自信和在世界上的话语权；同时，还要比较研究和借鉴国外有关政策性融资的经验做法，探讨如何建立健全具有中国特色的政策性融资体制机制，推动政策性融资高质量发展。

已有研究较多分析了政策性金融的宏观调控功能，目前主要集中于政策性金融对房地产行业、农村经济、区域发展和新兴产业发展的助推作用，其功能是弥补市场失灵、统筹社会发展和化解长期风险。

在政策性金融助推房地产行业发展方面，刘丽巍和季晓旭（2014）基于宏观审慎的框架视角，针对我国政策性金融住房金融的特点和问题，从时间和空间两个维度分析了我国构建政策性住房金融机构的必要性；张江涛（2018）对发达经济体政策性住房金融与房价稳定的关系进行了研究，实证分析表明，政策性住房金融体系能够发挥逆周期的宏观调控作用，稳定宏观经济金融政策周期性变化带来的住房市场的剧烈波动。

在农业经济方面，研究发现农业政策性金融供给对当期农业金融抑制起到一定的缓解作用，但目前农村政策性金融制度仍存在一些问题，应构建我国农村政策性金融体系（何志雄和曲如晓，2015；李永东，2017）。区域发展方面，既有研究较多关注了西部大开发中政策性金融资金供给和需求以及服务"一带一路"的优势（何德旭和姚战琪，2005；胡晓炼，2017；高玉强等，2021）。在新兴产业发展方面，李俊强和孙笑倩（2014）从企业演变模式和产业生命周期角度，构建了战略性新兴产业的政策性金融支持体系，以更好地培育战略性新兴产业；徐珊和李菲菲（2019）通过企业案例研究方法，对新兴产业的资金运作模式与金融支持效应进行了研究。由于资金和政策限制，地方政府甚至会干预地方金融机构的信贷行为，通过金融功能财政化，以实现对特定领域的助推（钱先航等，2011）。

第二节 技术扩散的影响因素及助推机制

技术扩散受到诸多因素的影响和制约，已有文献主要从社会学理论和经济学理论加以研究。社会学理论认为技术扩散是一种特有的社会现象，Rogers 于 1983 年提出创新扩散理论（Innovation Diffusion Theory，IDT）。该理论认为，创新采用过程是指在知晓了某一项创新后，通过对该项创新的感知，产生了对创新科技和事物的态度，决定是否对其进行采用，并加以执行和扩散，主要从扩散者行为因素（付晓蓉等，2011；Moynihan 和 Lavertu，2012）、性别与文化差异等扩散主体因素（Pozzebon 等，2014；林建浩和赵子乐，2017）和扩散外部环境因素（庄天慧等，2013；段庆锋和潘小换，2018）研究其影响。Rogers 将这个过程称为创新决策过程（Innovation Decision Process），并认为大部分新思想、新事物等创新扩散的传播过程呈"S"形曲线。刚开始采用的数量很少，扩散的进程很慢，当数量增加到总体的 10%～25% 时会突然加快，曲线呈迅速上升趋势，而在接近于最大饱和点时再次慢下来。基于这个理论，付晓蓉在 2011 年的研究中关注了扩散者行为因素，以及其他外国社会学者据此研究了扩散主体的不同因素如性别和文化程度等（Moynihan 和 Lavertu，2012；Pozzebon 等，2014）。经济学者则更加关注技术扩散的经济属性，认为经济效益是技术扩散的主要驱动因素，越发达的地区则更有资本和能力进行技术扩散（苗文龙，2019）。贺俊等（2018）认为，对经济利益的追逐可能导致相关技术的采用不足，但政府激励是影响技术发展扩散成效的重要因素，在现有特定制度结构下所需要的政府作用，尤其是政府作为运营商和技术集成者而形成的技术能力，是政府能够发挥积极的协调者和催化剂作用的重要条件，这是技术扩散的正面外部效应。在企业研发投入过高的情况下，政府作为国家创新系统的重要组成部分，对企业研发投入进行方向指导和研发资助能直接降低企业研发投入成本和风险，从而对技术扩散起到一定的推动作用（滕永刚和鞠晓峰，2007；李平等，2016）。

公共部门也针对这些因素从公共领域进行助推。公共部门分别采用"大棒型"强制驱动和"胡萝卜型"经济激励诱导驱动两类手段，以实现技术的有效扩散。强制型驱动，主要通过技术的相关法律规范与标准制定、认证、知识产权保护等限定性手段对扩散主体因素和扩散环境因素加以控制和约束。如对于法律规范和标准制定方面，监管当局应当改进提高认证领域、认证法规和安全评估方面的必要性（李林等，2010）；而针对知识产权保护这种限定性手段，应推动共性技术的持续创新与应用，须系统破解创新链条上的障碍，如设立广泛的共享机制，加强平台在知识产权生成、保护和诉讼等方面的服务能力（江鸿和石云鸣，2019）。政府通过制定法律法规和相关标准，明确规定了环境保护技术的推广和应用要求，企业和机构必须遵守这些规定。如果未能达到要求或违反规定，可能会面临罚款、行政处罚等惩罚措施，这种手段通过强制执行来推动技术的普及和应用（Perez 等，2011）。经济诱导手段主要通过技术推广服务、风险评估与预警、生产成本补偿等方法对技术扩散行为施加影响，这种规制手段主要通过经济激励措施来引导技术的扩散。在技术推广服务方面，通过社会经济地位对公共农技推广服务获取的影响可以有效促进公共农业技术的扩散（佟大建和黄武，2018）；从风险评估与规避的角度，有研究认为技术扩散的方式是极为重要的（Amir Heiman et al.，2020；罗明忠和陈江华，2016）；在采纳成本补偿方面，有研究发现，成本补偿对小世界效应与扩散效率之间、技术重叠度与扩散效率之间的关系均具有倒"U"形调节作用（孙冰等，2018）。

第三节　政府规制对技术扩散的驱动要素与机制

政府规制在技术扩散过程中扮演着重要的角色。它通过制度保障、信息公开与传递以及学习示范机制等方面发挥作用，并与技术外部性和技术扩散环境的制约相联系。在制度保障方面，政府可以通过公共规则和技术规范来调节技术扩散的方向和速度。杜龙政等（2019）指出，制度环境和技术规范对技术扩散产生重要影响，环境规制的第一阶段是促进技术创新，第二阶段是创新推动了竞争力的提升，促进与提升都有助于推动技术的扩散。齐绍洲等（2018）从制度环境和技术规范的角度分析了相关技术扩散的影响，环境规制的实施所引发的技术创新效应还未能超过遵循成本效应，波特效应还需要更长的时间才能显现。林建浩和赵子乐（2017）通过实证研究发现，制度在技术跨地区扩散过程中发挥着关键作用，发展中国家内部的技术前沿地区之所以能够脱颖而出，一般都是已经建立了一套有利于新技术采用的制度，其他地区如果没有相应的制度模仿，实现技术扩散将存在诸多困难，因此制度传播会影响技术扩散。在信息公开与传递方面，政府规制可以影响技术扩散。Amir 等（2020）认为，政府在信息公开和传递方面的作用可以通过加强知识产权保护和创新激励来实现，通过保护成果和提供激励的同时可以引导和合理选择潜在采用者。政府在这方面的作用可以促进技术扩散的有效性。在学习示范机制方面，政府规制也发挥着重要作用。Deog-Seong（2011）的研究分析了社会网络对新技术采用的影响，认为学习示范机制是实现技术扩散的主要手段，通过分享成功的技术应用案例，激发模仿效应和经验共享，推动更多的人学习和采用相应的技术，可以加速技术的传播和应用，以促进社会的创新和发展。以上的研究表明，政府规制在技术扩散中发挥着重要作用。通过制度保障、信息公开与传递以及学习示范机制等方面的影响，政府可以促进技术的无阻碍扩散和有效率应用。然而，政府规制应该在合理范围内施行，以保证技术扩散的顺利进行。

进一步分析发现，在政府规制中，基于碳排放方面，从碳排放规制对环保技术创新和扩散的角度出发，有学者探讨了碳排放权交易制度对企业绿色技术创新的政策效果，碳排放权交易制度通过促进提高企业的生产率，进而影响企业节能减排技术的研发和创新（包贵萍，2019）。另外，技术创新扩散离不开政府部门优化环境规章制度的行动，政府恰当的激励政策对于企业进行扩散策略的选择是有益的，除此之外，也需要行业自身净化行业内部环境（肖汉杰和王华，2017）。在低碳情境下，通过数值仿真探索各政策手段对低碳技术扩散的驱动效应，发现提高碳排放权交易价格、上调碳税税率和加大碳补贴力度均对低碳技术扩散有积极影响，当规制执行力度达到一定程度时，可实现低碳技术的全网扩散（吕希琛等，2019）。根据绿色鼓励政策和绿色规制政策的不同特征，王爱国和刘洋（2019）、马宇（2023）分析了绿色政策引导低碳企业投资的效果，探求了政府绿色政策与低碳企业投资行为之间的内在相关性。由于中国实现双碳目标和能源转型需要碳市场这一重要市场工具，在碳交易背景下，曾炳昕等（2022）通过构建异质性企业策略性技术采用博弈模型，探索了碳交易市场中的市场势力对碳减排技术的采用与扩散情况。研究表明，在有市场势力的情况下，市场势力会使碳价扭曲，进而使均衡碳价偏离边际减排成本，影响企业采用减排技术决策，因此企业都将推迟采用新的低碳减排技术，当产品需求弹性较小时，它将导致更慢的技术扩散。

第四节　政策性金融对环保技术扩散的助推作用

早在 20 世纪初，熊彼特就提出金融发展对技术扩散具有重要作用。随着研究的深入，体现政府导向的政策性金融对技术扩散的影响越来越被学术界所关注。政策性金融可以通过调控市场失灵、产业发展引导等方面助推技术有效扩散。李似鸿（2010）指出在农村实行金融自治并以此推进乡村自治，是解决农村金融市场失灵的一种制度性变革；Kevin 等（2018）则从产业发展的角度说明了政策性金融的引导作用。在科技企业的不同发展周期、不同企业类型方面，政策性金融工具及其扩散助推作用也存在差异。王永钦等（2018）基于相关数据实证检验出僵尸企业会从扭曲信贷配置等渠道影响正常企业的创新能力，在技术扩散过程中，需要政策性金融对僵尸企业发挥雪中送炭的作用；黄宇虹和黄霖（2019）倡导通过政府引导与投资基金等多元化渠道，为科技型企业注入发展资金，并加大政策性金融机构对小微企业协同创新项目的扶持力度，以加速科技成果的产品化和产业化进程。

随着社会对环保的关注，以支持环保产业发展的绿色金融研究成为热点，而我国严重的环境污染问题，使绿色金融与可持续发展的理念与实践活动被人们密切关注。针对绿色金融体系，学者们在绿色金融对大气污染防治、区域绿色发展等领域的作用进行了持续研究（阎庆民，2010；马骏，2016；郭雨辰，2019；张吉坤，2021；Cao Hongjie et al.，2021）。针对环保这一技术类型，学者们将其纳入战略性新兴技术、产业共性技术和绿色技术等范畴，分析了政策性金融对其扩散的助推机制和影响（张健等，2017；周潇等，2017；郭滕达和赵淑芳，2019）。环保技术由于其特有的公共性、通用性、技术互补性和升级路径依赖等特征（陈艳莹和游闽，2009），传统技术扩散模型难以体现环保技术扩散过程中的信息环境、市场竞争环境和采用者行为特征（刘青海，2011；Cristian Barra et al.，2019）。还有学者认为绿色技术扩散的低效率现象与技术的互补性有关，由于横向差异，新旧技术之间形成的互补性加重了技术扩散的低效率，在某种程度上，非经济因素可能更大地影响企业是否采用创新技术的决策，需要更多地通过政策性金融、公共补贴等公共手段由政府主动降低其扩散阻力（Wisdom Kanda et al.，2015；苗文龙，2019；曹鸿杰和卢洪友，2020）。

一、绿色信贷对环保技术扩散的影响研究

技术发展离不开资金支持，国外研究集中于政策工具、金融发展与技术创新的关系。在环境政策方面，Stoneman 和 Diederen（1994）提出，在判断技术扩散路径的最优性时，主要以利益分配作为标准，而市场无法给出令所有人都满意的分配结果，因此需要环境政策和奖惩机制刺激环保技术的扩散传播。随后，学者 Sterner 等（2009）进一步指出技术创新会压缩环保的成

本，比纠正污染负外部性带来的静态福利收益要重要，因此选择环境政策工具的其中一个关键要素是其对清洁生产技术的激励效应。基于金融市场发展方面，De La Fuente 和 Marine（1996）则主张，金融发展对行业的技术创新起到监督效果，与此同时更有利于企业家获得优惠的贷款条件，帮助企业实现研发创新投入。依照上述思路绿色信贷不仅督促企业进行环保技术创新，还能为绿色企业提供优惠的信贷支持，帮助企业提升环保技术的创新实力。

在国内的研究中，刘凤朝（2007）等运用 Geweke 分解检验和协整分析探察了金融发展与技术进步之间的联系，得出无论在长期还是短期二者均表现出正向双向因果关系，且长期均衡。张元萍和刘泽东（2012）的研究也提出了金融业发展可通过五个方面推动技术创新，同时技术创新也有助于增加市场需求、降低投资成本、提高收益来促进金融业发展，因此两者呈现出良性互助关系。银行机构作为金融业蓬勃发展的中流砥柱，其对技术创新的影响值得深思熟虑。在实证方面，孙志红（2017）等在实现减少碳排放前提下，利用空间杜宾模型，对技术进步与金融支持之间的关系进行实证分析，结果显示银行信贷对技术进步具有积极影响。何凌云（2019）等基于中国152 家节能环保企业 2010~2017 年的面板数据，以研发投入为中介变量，研究绿色信贷对环保企业技术创新的作用影响，结果显示绿色信贷对环保企业技术创新的促进作用显著，但在研发投入方面仍存在时滞性。

目前，绿色信贷对环保技术的作用研究集中于技术创新，而对环保技术扩散的研究文献主要可以归纳为两个层面。在理论层面，引入创新理论、制度理论、利益相关者理论和社会网络理论剖析企业生态创新扩散规律和影响因素。关于环保技术扩散的指标选取一直难以把握。周力和应瑞瑶（2009）选用发明专利数来度量工业环保技术水平。梁尽锐等（2018）采用清洁生产技术创新水平和治污技术创新水平的比值构建技术创新偏向指数，证明环境规制对技术创新的影响存在偏向性。但由于相关数据的缺失，无法对两种技术投入进行分门别类。陈媛媛（2011）提出了清洁生产和末端治理的另一种表征方式，而后宋英杰和刘俊现（2019）采用清洁生产和末端治理，并使用五种污染物更全面地展现了环保技术的扩散程度。其处理方法给我们提供了很好的借鉴。在实证层面，大部分文献采用参数模型。如李春（2020）使用双向固定效应和随机效应模型，将环境规制的实施形式分为三类工具手段分别探究其对技术创新的影响；景维民和张璐（2014）以随机效应模型为基础，采用可行广义最小二乘法和系统广义矩阵估计，研究环境规制、对外开放对中国工业绿色技术进步的作用效果。由此可见，实证研究相对较少，针对环保类技术扩散影响的实证研究更为罕见。

二、政府引导基金对环保技术扩散的影响研究

政府引导基金是一种政府干预与市场化运作相结合的股权投资基金，以市场机制为基础、以企业为主导，重在发挥政府支持有限社会资源帮助企业实现环保技术创新与扩散。已有文献对政府引导基金与环保技术创新扩散的研究，由于数据可得性较低等原因，已有研究集中在政府引导基金对技术创新的作用方向，而政府引导基金对技术扩散的结合研究较少。从已有研究来看，大多文献集中在研究政府行为对环保技术扩散的影响。学者构建了企业绿色技术创新扩散演化博弈模型，说明绿色技术创新扩散受到政府及公众消费者的综合影响，认为政府的过度推广降低其扩散效率（曹霞和张路蓬，2015）。另有学者构建了加入政府补贴因素的绿色技术扩散模型，表明政府补贴对环保技术的升级扩散具有显著促进作用（杨国忠，2018）。

作为一种财政政策与金融工具相结合的创新型投融资方式，政府引导基金是我国绿色金融体系参与推进绿色产业项目发展的重要补充。Amit 等以及

Gompers 和 Lerner（1996）指出，比起政府直接的财政补贴，政府引导基金除了资金支持作用，还可以更好地识别投资风险和处理投资中出现的信息不对称问题。并有文献通过委托代理框架，表明政府引导基金以有限合伙人的身份参股有限合伙制创投基金可以有效发挥其杠杆引导作用（杨军和周月书，2009）。并有研究表明政府引导基金对企业技术发展具有引导效应（杨敏利和李昕芳，2014）。学者引入政府引导基金作为工具变量研究风险投资与城市创新的因果关系，以发明专利与实用新型专利的数量表征城市创新水平，结果显示在总体层面风险投资能提升我国城市创新水平（华岳和唐雅琳，2019）。并有学者通过实证与案例结合分析，得出了政府引导基金能够通过促进企业创新推动产业技术升级，其集中作用于企业创新，由企业创新自发推动产业升级（邓晓兰和孙长鹏，2019）。已有研究从科创型初创企业视角，发现政府引导基金对企业技术创新水平具有正向影响，并探究了不同情况下促进作用的差异（黄嵩和倪宣明，2020）。进一步研究通过对政府引导基金在社会资本中的作用以及制约因素的分析，得出了我国政府引导基金后期介入的投资风格特点是制约其引导作用的主要原因，要从制度设计上健全政府引导基金的政策机制，使之真正作用于科创企业的早期发展（徐明，2021）。

政府引导基金的市场化参与企业技术创新扩散的影响路径与风险投资类似，阶段性为企业提供资金流的同时，关注企业技术创新扩散的实时发展进程，并提供技术筛选、增值管理服务等。已有不少的文献证实了风险投资对技术创新能力的促进作用。Kortum 和 Lerner（2000）论证了风投对创新的推动作用，发现风投能促进专利数量的增长。国内研究方面，学者通过建立理论模型和经济计量模型，利用我国绿色技术产业的风险投资项目数据、专利和环境数据，研究表明了风险投资能够显著提升各区域的绿色技术创新能力

（苟燕楠和董静，2014；徐胜和宋丹妮，2020）。进一步研究中，学者增加了研发投入这一变量，发现风险投资和研发投入都对绿色技术创新产生积极的促进作用（王欣欣，2021）。

从政府引导基金对环保技术扩散的影响机制来看，在基金市场化运作的基础上，政府引导基金加入了"政府引导"这一关键性因素，使其可以通过信号传递效应对企业环保技术扩散发挥引导作用（李善民和梁星韵，2020），绿色产业领域中大多为技术密集型的初创期、成长期企业，这些企业具有高风险且投资回报期长的特征（徐胜和宋丹妮，2020）。技术创新过程中存在较为严重的溢出效应，企业不愿公开绿色投资项目的关键技术数据与信息，因此资金供应方无法准确评估企业技术项目的可信度，双方面临着严重的信息不对称性。在我国的经济发展环境下，以政府引导的基金以其特有的国家政策性金融优势，集聚了较为全面的行业信息数据，政府可以利用大数据等信息技术充当环保技术扩散进程中的信息传递者，解决绿色产业与创投机构之间的信息不对称，通过财政资金引导社会资本集聚以构建高效的资金供应链，加速环保技术的研发创新和实际推广扩散进程（郭玥，2018）。

三、科技保险对环保技术创新的影响研究

Schumpeter（1934）认为对于一个国家的发展来说，创新无疑是其发展的强大动力，创新方面的进步能够带动社会经济的持续增长。从技术创新的角度出发，有的学者发现保险实际上具有一定的微观经济作用。孙宏涛（2006）在对美国的知识产权执行保险和知识产权侵权保险的实行效果进行分析后，不难发现，保险能够为企业的发展提供稳定的环境，在投保相关保险后，企业能够在保险的作用下免除知识产权诉讼的侵扰，这样企业就能够将更多的经营资金投到生产发展和技术革新上。Lanjouw 和 Schankerman

（2004）就专利保险对企业创新的作用来看，专业保险的存在能够保证专利的市场价值，从而实现促进企业创新水平提高的目标。Skipper 和 Kwon（2007）则看出科技保险的存在也让企业拥有更方便快捷的融资渠道，减少相关的融资成本，为推进技术创新、稳定相关经济环境提供金融支持。Hiass 和 Sumegi（2008）的观点是从投资的角度出发，他们认为保险公司是金融领域的最大机构投资者，保险公司为科技发展提供一定的资金支持，使新技术能够得到实际应用，从而推动企业的技术创新。姚海明和徐林南（2014）强调了科技创新对当今中国发展的重要性，并提出科技保险支持创新型企业发展的新机制，政府鼓励并支持开拓新的科技保险市场。

许宁狄（2016）明确指出，技术创新为中国保险业的发展带来了新机遇，并且极大地改变了保险消费者和经营者的行为选择，中国特色保险生态圈的基本路径表明构建保险生态圈是应对技术创新的最佳选择。胡瑞纹（2016）将理论与实践相结合，探讨如何利用科技保险为高新技术企业成长过程提供风险保障，以及财政补贴如何更好地增进科技保险需求，防范企业科技风险、增强科技企业乃至全国的自主创新能力。丁凤伟（2017）也提到科技保险对促进我国科技创新、保障科技创新具有极其重要的作用，能有效减少企业在技术创新中所发生的风险和成本，倡导和保障了企业探索技术创新。方军雄和秦璇（2018）基于部分上市公司的情况开展探讨分析，发现对董事高管责任险作出投保后，高管在决策时能够更加理智和准确地作出决定，从而实现企业创新和经营得到发展的目标。张艳萍（2018）以宁波市为例重新审视了中国科技保险公司的发展问题，并在借鉴国外经验的基础上，明确提出在科技保险产品创新发展领域加大作为。同时，国家开发银行课题组（2018）也提出发展专业化的科技保险机构，健全支持创新的保险体系。郑艺（2019）的想法是应加大保险科技的投入力度，聚焦于创新与风控问题的解决，肯定科技保险的作用并鼓励支持科技保险的发展。任辉（2019）从供求均衡的视角入手，认为研究现行科技保险制度的供求非均衡问题对助推技术创新具有积极的现实意义。

夏同水和臧晓玲（2019）以 2008～2017 年沪深 A 股上市公司为样本，通过实证方法研究董事高管责任保险对企业技术创新发展的作用，研究显示，购买董事高管责任保险对企业技术创新具有重要的促进作用。周茹（2019）采用了双重差分模型，选取 2008～2017 年全部中国 A 股非金融类上市公司为样本数据，依托相应理论基础分析了专利执行保险的实施及其对公司技术创新绩效的影响机理，并实证检验了其策略有效性。研究显示，专利执行保险的实施可以推动企业技术创新与绩效改善。陈琪和柴继帅（2021）以 2009～2018 年沪深 A 股非金融类上市公司为研究对象，分析了董事高管责任保险影响公司绩效的作用机制。结果表明，董事高管责任保险能够提升技术创新水平，技术创新在董事高管责任保险与公司绩效之间起了中介作用。郭晓杰（2021）持有类似的观点，认为科技保险是利用其保险功能和资金优势成为分担科技创新风险的有效金融工具。沈飞和周延（2021）基于沪深 A 股 2012～2019 年上市公司微观数据，实证研究专利执行保险实施背景下专利保护对企业技术创新和财务绩效的影响。研究发现，专利执行保险对企业技术创新存在显著的"创新激励"效应。邱洋冬（2022）从二元边际视角揭示了专利保险试点政策驱动企业创新的作用效果，为推动企业创新与经济高质量发展提供了政策改革方向。

第三章

环保技术扩散过程中的
政策性金融概述

第一节　政策性金融的功能

政策性金融作为交叉学科领域，区别于商业性金融，是贯彻国家特定经济和社会发展政策的金融制度安排。在我国经济发展与转型过程中，政策性金融发挥了重要作用。广义的政策性金融，不仅涉及政策性金融机构的资金借贷行为，还包括体现政策性意向的投资、担保、保险、金融中介等一系列资金融通行为。与商业性金融不同的是，政策性金融的本质特征是公共性，其不以利润最大化为目标，而以贯彻执行国家的经济政策、产业政策、社会政策或意图为最高宗旨，因此作为政府发展经济、促进社会进步、宏观经济调控的管理工具，政策性金融发挥着商业性金融无法替代的作用。

政策性金融的功能是多方面的，旨在通过特定的金融手段和政策支持，实现国家特定的经济和社会发展政策目标。政策性金融通过财政投融资行为的宏观调控功能，目前集中于政策性金融对房地产行业、农村经济、区域发展和新兴产业发展的助推作用，其功能是弥补市场失灵、统筹社会发展和化解长期风险。由于资金和政策限制，地方政府甚至会干预地方金融机构的信贷行为，通过金融功能财政化，以实现对特定领域的助推。在政策性金融助推房地产行业发展方面，部分学者基于宏观审慎的框架视角，针对我国政策性金融住房金融的特点和问题，从时间和空间两个维度分析了我国构建政策性住房金融机构的必要性。有学者对发达经济体政策性住房金融与房价稳定的关系进行了研究，政策性住房金融体系能够发挥逆周期的宏观调控作用，稳定宏观经济金融政策周期性变化带来的住房市场的剧烈波动。在农业经济方面，研究发现农业政策性金融供给对当期农业金融抑制起到一定的缓解作用，但目前农村政策性金融制度仍存在较大缺陷，为进一步构建我国农村政策性金融体系提供了新思路。区域发展方面，既有研究较多关注了西部大开发中政策性金融资金供给和需求以及服务"一带一路"的优势。在新兴产业发展方面，部分学者基于企业演变模式和产业生命周期角度，构建了战略性新兴产业的政策性金融支持体系，以更好地培育战略性新兴产业。

一、房地产行业

房地产作为一种具有消费和投资双重属性的特殊商品，其需求和供给都将会受到金融政策变化的影响，房地产的特殊属性，表明了房地产市场会和金融有非常密切的关系，金融政策的改变必然对房地产市场产生重大影响。

政策性金融主要通过对利率和信贷两方面影响房地产市场的供需关系，从而对房地产市场产生影响。利率对消费者具有重要的影响，提高利率必将减少房地产市场的需求，而降低利率将会降低居民的月均还款额，减少居民的负担，从而增加对住宅的需求。信贷方面主要体现在对住房贷款首付比例的降低。住房贷款首付比率的降低，意味着许多家庭可以提前享受到住房需求，未来的房地产需求得以在短期内实现，不仅降低了住房消费或投资的成本，而且还最大限度刺激了房地产需求的增加。

二、农村经济

自 20 世纪 80 年代末期以来，中国农村经济在发展过程中，存在一些矛盾和问题，如农民收入增长滞缓、农业资金外流等。一般条件下，资金总是会从财富较少的地区向较多的地区聚集，引起大量资金从农村到城市的转移，资金的匮乏使本来就脆弱的农业得不到发展。农业政策性金融将部分资金输入到农村，实现了资本在全社会范围内较为均匀地分布促进农业发展、推动产业机构调整、实现资源配置优化。政策性金融通过提供信贷支持，促进了农业生产效率的提高和农产品价值的增加，从而提高了农民的收入水平。政策性金融是政府干预农业经济活动，来解决现有问题的重要手段。

三、区域发展

在面临不断推进区域经济高质量发展的过程中所遇到的问题，政策性金融的支持作用能够在一定程度上增强发展的协调性。政策性金融能够起到"加快区域经济协调发展速度、对加快区域经济协调发展速度、对加快区域经济协调发展速度和支持区域经济协调发展战略"等作用，主要体现在支持区域经济协调发展战略、支持区域经济协调发展战略、支持区域经济协调发展战略和完善区域性金融监管方式。

四、新兴产业发展

政策性金融在支持战略性新兴产业发展中发挥了重要作用，不仅提供了资金支持，促进了技术创新，还缓解了融资约束，提升了资本配置效率，推动了产业结构升级，并解决了发展中的瓶颈问题。政策性金融通过直接或间接的方式，如政府引导基金、私募创投、科技金融等，为新兴产业提供资金支持。政策性金融通过支持技术创新，帮助新兴产业提升核心竞争力，包括通过资本形成、技术创新与资源配置机制影响和支持战略性新兴产业的发展。新兴产业的特殊融资需求及高风险性，传统的融资模式往往难以满足其需求，政策性金融通过创新商业银行信贷业务模式、成立科技银行等方式，缓解融资约束。

第二节　政策性金融影响环保技术扩散的特征

金融发展对技术扩散具有重要作用，随着研究的深入，体现政府导向的政策性金融对技术扩散的影响越来越被学术界所关注。环保技术作为一类兼顾经济增长与环境保护双重目标的具有明显正外部性的特有技术，其有效扩散更加离不开政策性金融的有力助推。政策性金融可以通过调控市场失灵、产业发展引导等方面助推环保技术的有效扩散。

一、调控市场失灵

市场失灵是指在市场经济中，由于各种原因导致市场机制无法有效配置资源，从而使资源配置效率低下或资源配置不当。具体来说，市场失灵可以表现为资源分配不均衡、经济效率低下以及福利损失等现象。政策性金融机构可以收集和整理环保技术相关的信息，包括技术特点、应用效果、成本效益等，并向市场参与者提供准确和全面的信息。环保技术的发展和应用面临市场失灵的问题，如信息不对称、高风险和长回报周期等。政策性金融可以提供直接资金支持，通过提供专门的贷款、补贴或税收优惠，降低企业的融资成本，鼓励企业投资于环保技术研发和应用。直接资金支持能够弥补市场机制在资源配置上的不足，特别是在环保技术等高风险、长周期、低回报领域，政策性金融的支持尤为重要。

政策性金融还通过建立绿色信贷体系和绿色债券市场，引导更多的资金流向环保产业，解决环保项目因高风险和长周期而难以吸引私人投资的问题。

此外，政策性金融还可以通过金融科技的应用，如区块链技术，提高环保项目的透明度和追踪能力，进一步降低信息不对称性。

二、产业发展引导

政策性金融通过支持关键技术和示范项目的开发，推动环保技术的成熟和规模化应用。政府引导基金可以用于支持具有示范效应的环保项目，加速技术的商业化过程。政策性金融通过引导社会资源的配置，推动经济结构的调整和环保产业的发展。在市场经济条件下，政策性金融会加速引导资源进入环保产业，环保技术项目能够获得更多的资金投入，从而促进其研发、推广和应用。政策性金融还可以通过与企业、研究机构和金融机构的合作，共同推动环保技术创新和应用。在区域层面，政策性金融可以通过区域发展基金和地方性金融政策，促进地区内环保产业的集聚和发展，形成产业集群效应，提升整个行业的竞争力和影响力。

第三节 政策性金融影响环保技术扩散的工具

一、政府引导基金

环保技术扩散作为推动我国绿色产业发展的核心环节，其有效实施离不开绿色金融体系的强力支撑。其中，政府引导基金，特别是政府引导基金，作为绿色金融的关键组成部分，通过精准的资金引导与政策支持，不仅促进了环境污染的源头治理与全周期管理，还极大地加速了环保技术的研发、转化与市场推广，为我国绿色产业体系的构建与完善奠定了坚实基础。

政府引导基金，作为连接政府与市场的重要桥梁，通过其独特的"双轮驱动"模式，即政府政策的导向作用与市场机制的灵活性相结合，为环保技术扩散提供了强有力的支持。这一模式不仅提升了资金要素的配置效率，还促进了污染企业的绿色转型，实现了从环境污染治理到绿色产业发展的全面升级。政府引导基金作为政策引导基金的一种，将财政政策与金融工具深度融合，为环保技术项目提供了"市场友好型"的功能性产业政策。这种政策不仅降低了企业的融资成本，还激发了其技术创新与环保投资的积极性。

通过提供稳定的资金流、加强基础设施建设及人才培训等措施，政府引导基金为初创期、成长期的企业提供了宝贵的早期发展资源，助力其克服技术创新的不确定性，推动技术成果向商品化、市场化转化。相较于政府直接补贴，政府引导基金有效缓解了过度投资、重复建设等问题，促进了市场的有序竞争，使更多企业进入市场，通过不断的技术研发与创新，实现环保技术的替代与扩散。

以资本循环理论为视角，政府引导基金在环保技术扩散中发挥着关键作用。随着技术采纳者对新技术的需求增加，企业为提升经济效益与市场竞争力，会主动进行技术改进与创新。此时，政府引导基金通过提供货币资本与政策信息，引导社会资本向绿色投资领域集聚，形成多元化的资金支持链。这一过程不仅促进了货币资本向生产资本的转化，还推动了环保技术创新从生产资本向商品资本，再向货币资本的循环转变，最终实现了环保技术的广泛扩散与应用。

二、绿色信贷

绿色信贷通过资金引导、融资行为调整、政策协同、外部融资支持、信息识别与筛选以及环境风险评估与信息披露等多重机制，对环保技术的扩散产生了深远而复杂的影响。

绿色信贷通过差异化的信贷利率和政策，有效引导金融市场的资金流向。一方面，为低污染、低消耗、节能环保型企业提供优惠的融资条件，降低其融资成本；另一方面，提高高污染、高消耗企业的信贷成本，形成资金"挤出效应"，促使资金从"两高"企业流向环保企业。这种资金引导机制，不仅优化了资源配置，还激励了企业进行环保技术创新和产业升级。

绿色信贷政策的实施，直接影响了企业的融资行为和投资决策。商业银行在绿色信贷政策的指导下，严格控制信贷门槛，使重污染企业的融资难度加大，融资成本上升，尤其是长期负债融资显著减少。这种融资约束迫使企业调整其融资结构和投资方向，更加注重环保技术的研发与应用，从而促进环保技术的扩散。

政策协同作用体现在绿色信贷政策与财政优惠政策等形成协同效应，共同推动环保技术的扩散。财政优惠政策通过降低绿色信贷的交易成本和信用风险，提高了商业银行开展绿色信贷的积极性。同时，绿色信贷政策本身也通过信贷资源的合理配置，激励企业进行环保技术创新和绿色发展，形成了正向的激励机制。

绿色信贷直接帮助企业实现外部融资，满足其在技术创新过程中大额资金的需求。特别是对于绿色技术这种在创新阶段无直接经济收益、高成本、长周期、不稳定的项目，绿色信贷为其提供了持续的资金支持，有效弥补了企业的资金缺口，促进了技术的研发与商业化应用。

绿色信贷发展还促进了信息识别和筛选机制的形成。环保技术创新项目往往存在信息不对称的问题，投资者难以全面掌握项目信息并进行有效评估。绿色信贷通过专业的评估和筛选机制，为优质的创新项目提供资金支持，提高了资金的使用效率和市场资源的配置效率。

绿色信贷的实施要求全面评估企业的环境状况、排污治理能力、风险承受能力等，促使企业加强环境信息公开披露，量化环保力度。这不仅有利于金融机构准确评估企业风险，也促进了全社会对项目的筛选和监督，推动了绿色化发展的进程。

三、科技保险

科技保险作为创新发展的重要驱动力，不仅促进了社会经济的持续增长，还在推动企业环保技术创新与扩散方面展现出显著作用。其基于系统协同、渐进发展及恰当扶植的原理，有效转移和防范风险，为企业、保险公司及政府带来了多方面的积极影响。特别是，科技保险在环保技术创新领域的作用尤为突出，通过风险转移、监督促进及研发投入增加等多重机制，为企业的可持续发展和环保技术创新提供了有力支持。

科技保险首先作为保险的本质，为投保企业提供了风险转移和分散的平台。对于科研企业和重污染企业而言，科技保险能够有效减轻技术研发及生产运营中的风险负担，保障企业资金流的稳定，从而激发企业的技术创新和研发积极性。

保险公司作为严格的监督者，通过科技保险的合作，不仅分散了企业的风险，还促进了企业的安全生产管理。特别是对于重污染企业，科技保险（如环境污染责任险）的引入，使保险公司在日常监管中发挥了重要作用，降低了安全事故的发生概率，确保了企业运营的平稳有序。这种监督机制间接提升了企业的创新能力和环保技术水平。

科技保险通过影响企业的研发投入，成为提升环保技术创新水平的关键。研发投入的增加不仅为企业技术创新提供了必要的资金保障，还促使企业在面对生产问题或工艺瓶颈时，能够灵活调整研发方向，提高资金使用效率，进而推动环保科技创新发展。此外，持续的研发资金投入还增强了企业的融资能力，形成良性循环，使企业能够更多地投资科技保险，以规避新技术研发带来的高风险。

四、资本市场

环保技术的研发往往需要大量资金，资本市场可以为环保企业提供融资渠道，使其获得足够的资金来支持技术研发工作。发行绿色债券和环保主题的股票是企业推广环保技术解决资金难题的有效途径。企业通过在股票市场上市，发行股票筹集资金，用于环保技术的研究与开发。有了充足的资金，企业就能组建专业的研发团队，购置先进的研发设备和实验材料，从而加速环保技术的研发创新进程，促进环保技术扩散。同时，环保技术的应用通常需要建设相关的基础设施或项目。资本市场可以为这些项目提供资金支持，促进环保技术的实际应用和推广。企业可以通过发行债券、引入风险投资等方式获取资金，以此淘汰落后重污染的产能和技术，推动产业升级和转型，进一步实现环保技术扩散。

资本市场对环保企业的关注和投资，会引起媒体和公众的关注。这种关注可以提高公众对环保问题的认识和重视程度，进而增强对环保技术的需求和接受度。当环保技术需求逐步上升时，企业会因为环保技术在资本市场上表现出色时，凭借媒体报道，树立自己的良好形象。这种良好形象有助于企业在市场上获得更多的认可和支持，为其推广环保技术创造有利条件。企业可以利用资本市场的影响力，宣传自己的环保技术成果和应用案例，让更多的人了解该企业所采用的环保技术及其重要性，吸引更多的客户和合作伙伴，进一步推动环保技术的扩散。

资本市场可以推动环保企业的兼并、收购等活动,实现资源的优化配置和产业整合。在这过程中,资本市场通过价格机制引导资金流向更具潜力和效益的环保项目和技术,很大程度上促使落后重污染的企业主动选择环保方面的技术,实现资源的合理配置。

第四节　政策性金融驱动环保技术扩散的拓展领域

在我国环保技术扩散实践中,长期忽视政策性金融的导向、激励和规范作用。大量存在由于金融"脱实向虚"、金融保障缺位等方面的扩散动力不足问题,最终导致环保技术难以有效扩散。由于政策性金融的导向、激励和规范作用不足,导致资金更多地流向短期利益,而忽略了环保技术的长期价值和潜在效益。这种现象在环保产业中尤为明显,因为环保技术的研发和应用往往需要较长的时间周期才能看到成效。环保技术的发展和推广需要稳定的金融支持,包括但不限于绿色信贷、绿色债券等金融产品。

然而,由于政策性金融的不足,这些金融产品的发展并不成熟,无法有效满足环保技术发展的资金需求。虽然有研究表明绿色信贷对环保技术扩散有显著的促进作用,但这种作用在实际操作中往往因为缺乏有效的政策支持和市场机制而难以实现。环保技术的推广和应用需要依托于一定的技术平台,这些平台能够为环保技术的研发、测试和推广提供必要的支持。由于政策性金融的不足,这些平台的建设和运营也面临资金短缺的问题,影响了环保技术的扩散和应用。除此之外,有研究从多层面、多维度对于政策性金融、环保技术扩散及其两者之间的关系进行了更加深入分析,但对以下三个方面仍缺乏足够关注：

一、缺乏对助推动力机制的系统分析

社会学理论认为技术扩散是一种特有的社会现象，主要从扩散者行为因素、性别与文化差异等扩散主体因素和扩散外部环境因素等研究其影响。经济学者则更多关注技术扩散的经济属性，认为技术扩散过程是一个追逐经济利益的过程，经济效益是技术扩散的主要驱动因素。无论是从社会学角度出发（即人们所认为的技术扩散会受扩散者行为因素、扩散主体因素或扩散外部环境因素影响），还是从经济学角度出发（即经济效益才是技术扩散的主要驱动因素）都将技术扩散作为一个封闭的整体，把政策性因素作为技术扩散系统的外部扰动因素，所以尚未将政策性金融要素作为扩散系统的内生驱动力，从动力学机制系统分析其扩散助推机制和影响效应。因此，将政策性因素作为技术扩散内部系统的内生驱动力进行系统分析是今后研究的重点。

二、缺乏针对环保特定技术类型的扩散分析

早期对技术扩散的研究，较多关注能够快速产生巨大经济效益的高新技术，而环保技术作为当前绿色发展理念下生态文明建设急需且具有明显外部性的特有技术，针对环保技术的扩散特点，从环保技术扩散角度入手，发挥金融对特定领域的结构性调节功能，系统分析政策性金融对其助推机制的研究则更为罕见。特别是"十四五"期间，政府将进一步助推环境友好型的环保技术创新，相关环保技术的有效扩散，将决定我国经济的可持续发展。

三、忽视了实践中可能存在的非线性特征

受制于实证数据和估计方法，既有文献主要基于政府对技术扩散的助推

效应的线性影响进行了实证检验，包括直接资助、政策激励和金融支持等，而忽视或回避了实践中可能存在的空间相关性、门限性和阶段波动性等非线性特征，导致研究结论可能存在偏差，政策制定的依据缺乏针对性和高效性。结合非线性数据分析方法对政策性金融助推效应的实证检验，有助于扩展非线性数据分析方法在政策性金融及技术扩散领域的研究。因此，将非线性特征引人实证研究是本领域进一步研究的重要内容。

第五节　政策性金融推动环保技术扩散的国际经验

从德国复兴信贷银行、欧洲投资银行及日本政策投资银行的国际经验中，我们可以借鉴关于如何通过政策性金融手段有效推动环保技术扩散的宝贵经验，包括提供低利率贷款、设立专项基金、与政府合作提供贴息补贴、制定明确的环境评级与融资政策，以及聚焦重点环保技术领域的创新支持等。这些经验为我国政策性金融机构在促进绿色发展和环保技术普及方面提供了重要参考。

一、德国复兴信贷银行

作为德国影响力最大的政策性银行，德国复兴信贷银行自成立以来一直以多种方式支持德国的发展，在发展绿色金融、促进可持续发展中发挥着基础性作用。德国复兴信贷银行提供低利率贷款服务，设立联邦节能建筑基金，长期为节能建筑和节能改造提供低利率信贷优惠支持政策。对于环保节能绩效好的项目，可以给予持续 10 年、贷款利率不到 1% 的优惠信贷政策。该行选择与政府合作，德国提供贴息补贴，再向商业银行提供长期低息资金，支持绿色低碳项目，以保证环保技术项目的顺利进行。在透明度和公开度的原则上，德国复兴信贷银行坚持在绿色项目选择和融资上保持公开透明，并由德国财政部委托其管理绿色贷款贴息资金，寻找优质绿色项目。

二、欧洲投资银行

欧洲投资银行主要从大规模投资计划和具体项目实施支持两个角度，来推动发展环保技术。欧洲投资银行发布了"气候银行路线图计划"，预计在2030 年前累计提供 1 万亿欧元绿色贷款，支持化石燃料减排等方面的投资。欧洲投资银行的项目支持主要体现在车辆转型方面，欧洲投资银行为马勒公司提供了 3 亿欧元的贷款用于电动车、混动车和燃料电池车辆相关技术研发。在车辆转型之外，还批准了 3.2 亿欧元的新融资，用于支持清洁能源、交通、企业研发和商业投资。

三、日本政策投资银行

日本政策银行将贷款利率与环境评级挂钩，推出了环境评级贷款业务，依靠自主设计的环境评级体系对借款人实行环保评级并据此设定阶梯利率。日本政策投资银行通过提供低息贷款和优惠融资，支持环保技术的研发、示范和推广项目。这些资金不仅帮助企业降低了融资成本，还激励了它们投资于环保技术，从而推动了技术的扩散和应用。在未来，日本在新一代太阳能电池、碳回收和氢能等方面的技术创新将成为重点发展方向，日本政策投资银行将继续支持这些领域的技术创新，针对环保技术扩散制定相应的金融服务政策。

第四章

环保技术扩散过程中的
政策性金融驱动机理分析

第一节　环保技术扩散的特征和内在机理分析

技术扩散受到诸多因素的影响和制约，已有文献主要从社会学理论和经济学理论加以研究。社会学理论认为技术扩散是一种特有的社会现象，主要从扩散者行为因素、性别与文化差异等扩散主体因素以及扩散外部环境因素等研究其影响。经济学者则更多关注技术扩散的经济属性，认为技术扩散过程是一个追逐经济利益的过程，经济效益是技术扩散的主要驱动因素。在企业研发投入过高的情况下，政府作为国家创新系统的重要组成部分，对企业研发投入进行方向指导和研发资助能直接降低企业研发投入成本和风险，从而对技术扩散起到一定的推动作用。

公共部门也是针对这些因素从公共领域进行助推。公共部门分别采用"大棒型"强制驱动和"胡萝卜型"经济激励诱导驱动两类手段，以实现技术的有效扩散。强制型驱动，主要通过技术的相关法律规范与标准制定、认证、知识产权保护等限定性手段对扩散主体因素和扩散环境因素加以控制和约束。如对于法律规范和标准制定方面，监管当局应当改进提高认证领域、认证法规和安全评估方面的必要性；而针对知识产权保护这种限定性手段，应推动共性技术的持续创新与应用，须系统破解创新链条上的障碍，如设立广泛的共享机制，加强平台在知识产权生成、保护和诉讼等方面的服务能力。经济激励诱导驱动则主要通过技术推广服务、风险评估与预警、采纳成本补偿等方法对技术扩散行为施加影响。在技术推广服务方面，通过社会经济地位对公共农技推广服务获取的影响可以有效促进公共农业技术的扩散；基于风险评估与规避的角度，有研究认为技术扩散的方式是极为重要的；在采纳成本补偿方面，有研究发现成本补偿对小世界效应与扩散效率之间、技术重叠度与扩散效率之间的关系均具有倒"U"形调节作用。

环境保护是经济发展到一定程度的产物，是资源利用到一定程度必要性工作。环境保护不仅需要对原有资源进行常态保持，更需要对新技术进行不断开发。在此过程中，既有自觉性的，也有由政府、社会团体牵头、推动的。环保技术的扩散并非自然顺畅的过程，在企业中的传播受初始条件、操作条件和外部环境的影响。初始条件方面，全社会对环境问题的重视程度、企业自身的环保问题以及环保部门的监督执法力度都会影响技术扩散的基础氛围和必要性。如果没有足够的重视和严格的监督，企业可能缺乏采用环保技术的动力。操作条件方面，企业的内部结构和资源配置能力以及技术创新与外部环境的互动情况，决定了企业能否有效地接纳和应用环保技术。一些企业可能因内部限制而难以主动推动技术扩散。外部环境方面，国家经济政策、市场机制和公众舆论虽能产生一定影响，但存在局限性。经济政策的调控可能不够精准，市场机制可能导致资源配置不均，公众舆论的影响力也可能有限。

环保技术的传播特点包括其长期性、不确定性以及外部性，这些也构成了环保技术传播的核心属性。①市场失灵。鉴于环境保护技术的独特性质，如高昂的研发成本、复杂的技术原理和较长的回报周期，在实际应用中可能会出现市场调节失效的情况。这导致了环境保护技术的供给不足或价格不合理，进而影响了其广泛应用。②存在信息的不对称性。在环境保护技术的传播过程中，技术开发者和提供者往往拥有更多、更专业的信息，而消费者和使用者则相对缺乏。这种信息的不对称可能导致消费者在选择和应用环保技术时出现错误决策。③技术所带来的外部效应。环境保护技术的传播通常是由外界因素推动的，传播过程中会受到这些外部因素的影响和限制。一项新的节能减排技术的推广，不仅能够减少企业自身的能耗和排放，还可能对整个区域的环境质量产生积极影响，从而带来正外部性。然而，如果技术应用不当或出现故障，也可能导致环境污染的扩散，产生负外部性。

在这种情况下，政策性金融的推动就显得至关重要。政策性金融能为环保技术扩散提供必要的资金支持，解决企业在技术研发和应用中的资金难题。例如，为研发新型环保设备的企业提供低息贷款。还能通过市场引导，让资金流向更有潜力和价值的环保技术领域。提供风险投资，分担企业在创新过程中的风险，增强企业尝试新技术的勇气。保障资金供给，构建多元化的资金来源渠道，确保资金的持续稳定投入，激发创新活力，推动科学、技术和管理等多方面的创新，提高环境技术的水平和应用效果。政策性金融通过多要素驱动的方式，创造有利于环保技术扩散的综合条件，促进环境保护和可持续发展。

第二节 政策性金融对环保技术扩散的驱动要素分析

一、政策导向

政策导向即政府利用相关的政策法规来引导绿色技术的扩散并起到导向的作用。这种模式主要是政府通过特定的金融手段或直接投资策略，将金融资源引导到需要特定支持的行业中，以实现对这些特定行业的金融援助和政策支持政府可以制定相关政策，对那些高污染、高能耗、低效益的行业实施金融限制，从而鼓励这些行业持续地进行产业的改革和升级，强化技术的研发和创新，并进一步推动产业结构的优化和升级。运用再贷款、再贴现等支持绿色低碳发展的货币政策工具，引导银行等金融机构向绿色低碳项目提供期限长、成本低的资金，在自主决策、自担风险的前提下，将绿色信贷纳入宏观审慎评估框架。在当前的市场环境中，那些需要大量投资、长时间使用且回报率不高的基础行业的科技创新项目，以及某些贫困地区的建设项目，都面临着资金短缺的问题。政府设立的政策性银行对产业的支持往往体现了国家产业结构调整和升级的意图，并且有政府信用担保，过滤了项目风险，从而会对商业银行和民间投资向这些需要支持的产业贷款产生很大的诱导作用，对重点产业的快速发展产生资金集聚效应，因此，政策性金融机构需要对市场性金融的资金方向进行相应的调整和补充，为环保技术扩散提供支持。

二、市场配置

首先，政策性金融资源可以通过市场机制对环境科技资源进行合理配置，从而达到环境科技资源在较大规模上的最优配置；其次，政府利用市场机制对环境科技资源进行配置，从而达到环境科技资源在较大规模上的最优配置；最后，政策性金融运用绿色信贷、绿色债券等金融工具，引导资本流向环保产业。绿色信贷政策鼓励银行对具有良好经济、社会和环境回报的项目提供贷款支持，同时限制对污染严重项目的贷款。此外，绿色债券作为一种市场引导型环境政策，为企业提供了新的融资渠道，为环境保护技术的扩散提供了足够的资金。

三、普惠金融支持

普惠金融是指基于机会的平等要求和商业的可持续原则，以可负担的成本为基础，提供适当有效的金融服务，是对社会各个群体都有金融的金融服务。严格意义的绿色普惠金融是属于政策性金融范畴的，包括财政补贴、税收优惠、再贷款、担保、贴息等在内的绿色普惠金融政策支持和激励机制，降低绿色普惠金融成本和风险，提升金融供给和需求。创新绿色普惠金融的产品和服务模式，利用大数据、云计算、区块链等先进技术，满足小微企业、农户、低收入人群等普惠群体的多样化需求，可以提升绿色普惠金融的效率和便捷性。同时，还可以通过鼓励各类金融机构向专业化、专营化方向发展，组建绿色、绿色分（支）行等特色专营机构（部），将地方金融组织作为行业监管评级考量要素，加大环保技术创新与扩散的力度，如信贷、债券、保险、租赁、资产证券化、碳金融等，探索开展绿色金融服务。同时，政府部门、地方企业征信公司以及金融机构等信息共享开放，增强了对企业生态环境、节能减排等领域的信用信息收集，为金融机构开展涉及环保技术的投融资活动提供信用支持。

四、外部金融保障

政策性金融通过多种金融工具和政策手段形成外部金融协调机制，协调解决绿色金融发展过程中出现的新问题，为环保技术的扩散提供了有力的外部金融保障。政策性金融通过提供低成本资金和优惠贷款，支持环保技术的研发和应用。人民银行推出的碳减排支持工具，通过向金融机构提供低成本资金，撬动更多社会资金投入清洁能源、节能环保等领域，从而促进环保技术的发展。这种结构性货币政策工具不仅降低了企业的融资成本，还增强了市场对绿色技术的信心。政策性金融通过财政补贴和贴息政策，激励企业进行环保投资。地方政府实施的绿色信贷贴息政策，通过财政资金提供利息补贴，吸引银行投入更多的信贷资金，从而推动企业履行环境社会责任。政策性金融通过国际合作和多边基金，为环保技术的国际传播提供支持。全球环境基金（GEF）和其他多边基金通过提供资金支持，促进了低碳技术和环保项目的实施。这些国际合作机制不仅为发展中国家提供了资金支持，还促进了技术和知识的跨国转移。

第三节　政策性金融助推环保技术
扩散的动力机制

政策性金融是国家的战略性资源，将政策性金融与各个领域融合发展，通过资源配置方可助推环保技术扩散，为可持续发展奠定基础。政策性金融驱动力根据动力学设置分析从三个角度加以论证，分别是经济收益原动力、政策导向牵引力、外部保障推动力。

一、经济收益原动力

经济收益原动力是政策性金融的血脉。经济自由度往往作为政府对经济管控的指标参数，当市场出现失灵的情况，政府则通过"有形的手"对市场进行宏观调控。

以绿色农业环保技术为例，由于绿色农业开创技术成本高，生成一条稳定周期长、风险大的产业链。为了减少投资成本，需要低利息的长期资产支持。但是以盈利为目的的商业金融机构无法与绿色生态资金需求相契合，虽然提供了一部分资金支持，但是政策性金融机构发挥了主要作用，其可以明确扶持内容，帮助绿色生态农业走过发展瓶颈期。政策性金融机构在支持绿色农业环保技术扩散方面发挥着重要的作用。首先，政策性金融机构能够制定具体的扶持政策，为农业环保技术扩散提供特殊的金融支持。这些政策可以包括低利率贷款、财政补贴和税收优惠等，以降低绿色农业的投资成本，从而吸引更多的资金投入。其次，政策性金融机构能够提供长期资金支持，满足农业环保技术发展的需要。农业环保技术创新和产业链的建立需要时间，而商业金融机构通常更注重短期回报。政策性金融机构可以通过发行长期债券、设立专项基金等方式，为农业环保技术提供稳定的长期资金支持，帮助其度过发展瓶颈期。此外，政策性金融机构还可以提供技术培训和咨询服务，帮助农业环保技术扩散提升效率和产品质量。他们可以组织专家团队，对农业技术进行研发和推广，提供培训课程和咨询服务，帮助农民掌握先进的农业环保技术，提高其生态农产品的竞争力。

二、政策导向牵引力

政策性金融可以通过资金配置动态调整环境污染的机会成本，使企业获取资金时会面临更高的门槛限制和交易成本。做到既增加清洁性投资又减少污染性投资，实现引导产业清洁转型和绿色发展的目标。对于清洁生产技术扩散的激励效应体现在企业获取资金时具有可得性和便利性的比较优势，而对末端污染治理技术扩散的促进作用体现在对污染性投资的约束效应。政府在企业研发的过程中，因为企业自身投资成本过高、效率低、成果不显著，政府提供战略布局的方向性指导，政策性金融的帮助，可以提高企业的工作效率，成果显著，降低企业自身风险，推动技术扩散的功能，促进传统技术的创新。

政策性金融工具以补充项目资本金为目的，关键在于社会资金撬动，可以弥补专项债资本金功能缺失的问题。政策性金融工具的使用，还可以充分发挥项目资本金杠杆效应，带动商业银行等社会资本参与到重大项目建设，既达到增加有效投资，带动就业和稳增长目的，也不会明显增加财政方面的压力。借助政策性金融工具，聚焦城市地下综合管廊、生活垃圾污水处理设施等惠民生、补短板项目，精准疏通部分项目资本金难安排、难到位的堵点，定点投放有利于尽快形成基础设施建设实物工作量，引导金融机构发放中长期低成本配套贷款，为企业环保技术研发及扩散提供优渥的土壤。

三、外部保障推动力

外部保障的推动力不仅体现在政策本身的积极响应和扶持力度上，更重要的是通过制度建设助力环保技术的发展。政府在政策性金融推动环保技术扩散方面通过建立相关法律法规、监管机制以及设立专门机构等手段，不断完善政策性金融体系建设。首先，政府加强了对与环保技术相关的绿色金融市场的监管，制定了一系列涉及绿色金融的法律法规，确保市场秩序的规范运行。同时，政府还鼓励金融机构创新绿色金融产品，通过提供贷款、融资租赁、债券发行等方式，支持环保产业及相关技术的扩散。其次，政府积极引导金融机构加大对环保技术相关项目的投资和融资。政府设立专项引导基金，用于支持环保技术扩散项目的建设。最终实现在碳达峰碳中和目标任务过程中，通过推进环保技术的扩散锻造新的产业竞争优势，推动"科技—产业—金融"良性循环。

第五章

政策规制对技术扩散影响的实证研究

——基于碳排放视角

第一节　行业背景与研究意义

一、研究背景

改革开放 40 多年来，我国的经济总量迅猛增长，成为仅次于美国的世界第二大经济体。然而，我国的经济增长过程是一个以第二产业为主导的增长过程，其特点是高能耗、高污染和高排放，因而经济高速增长的同时，也给我国造成了严重的环境破坏和污染。同时，这种以环境污染为代价的传统模式难以使经济保持持续高速增长状态，我国经济面临严峻挑战。尤其是近年来，发达国家在资源、环境等方面设置了环保技术标准，这种新的标准让发展中国家与发达国家之间的贸易有了新的障碍，绿色贸易壁垒已成为新的"非关税壁垒"，我国的经济发展面临新的挑战。因此，要想解决当前问题，需要从根本上改变原有的生产方式，从高污染、高能耗的增长模式转向节能环保的绿色增长模式。而要有效控制碳排放，切实实现碳减排目标，环保技术的扩散特别是节碳型环保技术的有效扩散意义重大。节碳型环保技术是旨在减少碳排放的一种环保技术，其有效扩散是我国减少碳排放、实现双碳目标的重要因素，具有正外部性的节碳型环保技术主要依赖于政府的推广扩散，碳排放规制作为政府减少碳排放的手段，在推动节碳型环保技术扩散方面发挥着重要作用。

在世界各国政府采取实施的一系列碳排放规制不断强化的背景下，目前我国政府将碳排放强度减排作为主要施政目标，碳排放规制以命令控制型和激励型政策手段为主。其中，基于市场机制的激励型政策有两种，以数量控制为主的碳排放交易机制和以价格控制为主的碳税和财政补贴政策，现阶段，我国未实施碳税政策，2018年开始征收的环境保护税的征税范围亦不包括温室气体二氧化碳。我国于2013年6月17日启动七省市碳排放市场试点，其中，七个省市分别为上海、北京、广东、深圳、天津、湖北和重庆，于2017年底正式开启全国碳排放交易体系建设，2021年7月，全国碳排放权交易市场开市，这意味着碳排放规制中激励型政策手段在我国得到快速发展。

碳排放规制的实施势必会影响节碳型环保技术的扩散，但不同类型碳排放规制对节碳型环保技术扩散的影响是否存在差异，作用的程度如何，以及该如何更好地促进节碳型环保技术扩散，仍需要进行进一步的探讨。本章将节碳型环保技术扩散行为与碳排放规制宏观目标相联系，评估碳排放规制对节碳型环保技术扩散的影响效应。

二、研究意义

1. 理论意义

节碳型环保技术扩散对环境污染治理与保护具有不可忽视的作用，而节碳型环保技术的扩散离不开政府政策的推动，碳排放规制对节碳型环保技术扩散具有重要影响。因此，本章无论是对碳排放规制的研究还是对节碳型环保技术扩散的研究都是较好的补充，不仅有利于丰富和深化碳排放规制助推机制相关研究，探析碳排放规制作为政策性调控手段对节碳型环保技术扩散助推影响的细化特征，还有助于拓展平衡面板数据双向固定效应和双重差分分析方法在碳排放规制及节碳型环保技术扩散领域的研究。

2. 现实意义

全球气候环境瞬息万变，自1978年改革开放以来，我国GDP（国内生产总值）飞速增长，全球影响力不断扩大，在国际上的话语权也越来越重。然而，事实证明，高度依赖资源密集型高污染制造业出口和投资以及廉价劳动力驱动下的高增长是不可持续的。同时，面对2060年前实现碳中和的愿景，研究碳排放规制与节碳型环保技术扩散不仅可以为我国的财政政策、环境保护政策以及科技创新相关政策制定提供决策参考，而且可以实现碳排放规制对节碳型环保技术扩散的科学化、精准化、高效化助推，为我国实现双碳目标、推动国家治理体系和治理能力现代化提供理论和现实依据。

第二节　实证分析思路与研究假设

碳排放规制主要包括命令控制型政策和激励型政策两种类型，其中激励型政策包含财政激励型政策和碳排放权交易市场，两者特征不同，财政激励型政策的特征是价格控制，碳排放权交易市场机制的特征则是数量控制。目前世界上利用碳排放权交易机制进行减排的国家与地区主要有欧盟、美国、英国、澳大利亚、日本、韩国和中国等。中国碳排放权交易市场的形成为企业碳减排提供了平台支撑，同时对节碳型环保技术扩散起到一定的推动作用，碳排放规制对节碳型环保技术的扩散具有重要价值意义，我国为尽早实现"碳达峰""碳中和"目标制定了相关碳排放规制政策，这些政策的制定在一定程度上提升了节碳型环保技术的扩散速度和程度。

由于企业类型的不同，碳排放规制助推节碳型环保技术扩散的路径具有不一致性。当有关碳减排的政策颁布或实施后，低碳企业基于市场获益诱导效应、技术创新激励效应和政府政策支持效应影响企业碳减排。由于市场收益的吸引，企业会设法加大碳减排的力度，进行相应的碳减排行为调整，将节约的碳排放权益出售给需要碳排放额度的企业以获得额外利润；同时，政府对低碳企业会进行财政补贴和减税政策激励，在政策支持下，企业有更多的研发资金用于节碳技术、低碳产品或服务研发，以便提高碳减排的效果。而对污染企业来说，主要通过企业成本增加、技术更新动力效应和市场导向激励效应影响企业的碳减排。当污染企业要为在碳排放权交易市场上购买碳排放额度付出更多的成本买单时，企业会受到市场带来的成本压力；在生产成本增加的压力下，会促使企业增加对技术更新的动力，企业进行节碳型环保技术更新、引进相应节碳型环保技术的积极性提高；在市场导向下，污染企业将被迫逐渐淘汰落后的生产技术，从而实现碳减排的目标。相反，节碳型环保技术的扩散势必对碳减排具有一定的积极反馈影响，当节碳型环保技术扩散加快后，由于碳排放的源头得到了一定控制，碳减排的总体数量也在减少，因此构成了一个良好的循环系统，但后者对前者的影响可能会有一定的时滞性。

参考王爱国和刘洋（2019）构建的政府绿色政策对低碳企业投资行为的传导机制模型，本章构建了政府碳排放规制对节碳型环保技术扩散的传导机制模型，如图5-1所示。

在本章的研究中，政府实施的碳排放规制主要分为两类，分别为碳减排命令控制型政策和激励型政策。碳减排命令控制型政策主要是针对污染型企业，由于这类企业碳排放强度较大，因此采用命令控制型政策敦促其进行污染的治理。碳减排激励型政策主要是针对低碳企业，由于我国未实行碳税，因此这里主要涉及的是碳排放权交易市场机制。

第一，对于低碳企业来说，低碳企业由于政府政策的支持，如政府对低碳企业进行财政补贴和减税政策激励，在政策支持和市场激励下，企业将有

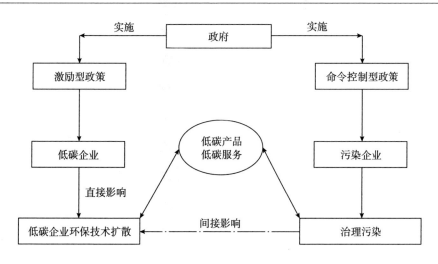

图 5-1 政府碳排放规制对节碳型环保技术扩散的传导机制模型

更多的研发资金用于节碳型环保技术、节碳型环保产品或服务研发，从效益论来看，如果研发节碳型环保技术的成本小于节碳型环保技术产生的收益时，企业会致力于节碳型环保技术的研发或是对旧技术的升级。基于传播论，通过利润的吸引力和大规模的模仿行为，当企业成功完成节碳型环保技术的创新升级，如通过引入节碳型环保技术或自主研发节碳工艺后，该类企业作为节碳型环保技术的供给者，为得到超额利润，在碳排放权交易市场上卖出碳排放份额的同时，也会利用转让技术的高额费用进行节碳型环保技术的传播，其行为会直接影响节碳型环保技术的扩散。

第二，对于污染企业来说，污染企业主要指二氧化碳排放量较多的企业，基于传播论、学习论与效益论三大理论基础，其治理污染的投资决策会受到低碳企业研发出的节碳型环保技术的转化影响，一部分企业在污染治理的成本大于引入节碳型环保技术的成本下，污染企业为实现成本最小化与效益最大化的目标，会通过引入低碳企业研发出的节碳型环保技术、节碳型环保产品和服务的方式减少二氧化碳排放，从而减少在碳排放权交易市场上高价购买碳份额的成本。当这一部分企业成功实现效益提高和碳减排的目标后，通过传播论中的口碑宣传方式，市场中一些新信息、产品或技术得到了传播，另外一些污染企业从学习论和效益论的角度出发，企业学习后认为采纳节碳型环保技术这一决策风险较小、收益较大，便会自觉学习已经实现效益提高和碳减排目标的企业的生产经营方式，做出采纳节碳型环保技术的决策，相继引入节碳型环保技术、节碳型环保产品和服务，从而形成节碳型环保技术扩散的局面。

第三节　变量选择与说明

本章基于 STIRPAT（Stochastic Impacts by Regression on Population, Affluence and Technology）模型，采用面板数据双向固定效应和双重差分分析方法开展实证研究以检验碳排放规制对节碳型环保技术扩散的影响。首先，介绍了 STIRPAT 模型，并构建了个体、时点固定的双向固定效应模型；其次，进行了指标选择，选取了被解释变量、核心解释变量和控制变量；再次，介绍了数据的来源，给出变量的描述性统计；最后，对变量间的相关性进行了检验。

一、模型构建

本章以环境经济学中广泛采用的 STIRPAT 模型为基础（Dietz and Rosa，1997）进行分析研究。这一模型不仅可以将系数作为参数进行估计，还允许对多个影响因子进行适当的分解和扩展，以进一步探析不同影响因子的细化特征。该模型基本的面板数据形式如式（5-1）所示。

$$I_{it} = ap_{it}^b A_{it}^c T_{it}^d e \qquad (5\text{-}1)$$

其中，I 表示环境影响，P 表示人口规模，A 表示富裕程度，T 表示技术水平，e 表示误差项。对式（5-1）进行拓展，在式（5-1）的基础上添加节碳型环保技术扩散、碳排放规制工具和相关控制变量并采用地区、时间双向固定效应模型，取其变量对数形式如式（5-2）所示。

$$\ln cpt_{it} = \alpha + \beta_1 \ln mer_{it} + \beta_2 \ln ser_{it} + \beta_3 \ln qsf_{it} + \beta_4 \ln qrd_{it} + \beta_5 \ln gdp_{it} + \beta_6 \ln exd_{it} +$$

$$\beta_7 \ln urb_{it} + \beta_8 \ln dfi_{it} + \beta_9 \ln indu_{it} + \eta_i + \tau_t + \varepsilon_{it} \qquad (5\text{-}2)$$

其中，η_i 表示地区固定效应，τ_t 表示时间固定效应，ε_{it} 表示残差项。在该模型中，cpt_{it} 表示节碳型环保技术扩散指数，mer_{it} 表示命令型政策工具，ser_{it} 表示激励型政策工具，qsf_{it} 表示企业税收负担，qrd_{it} 表示企业研发强度，gdp_{it} 表示经济发展水平，exd_{it} 表示出口依存度，urb_{it} 表示城市化水平，fdi_{it} 表示投资开放度，$indu_{it}$ 表示地区产业结构。

二、被解释变量

基于已有研究文献，本章对衡量环境技术的指标进行了整理，发现无论是采用政策变量单位排污收费还是环境投资和劳动投入衡量都不是很准确，原因包括我国费率严重偏低的现状及部分数据的不可得性。因此，本章借鉴陈媛媛（2011）、宋英杰和刘俊现（2019）的思路，采用单位产品产污量的倒数表征清洁生产环境技术，将节碳型环保技术扩散指数定义为节碳型清洁生产技术扩散指数（cpt），并将其作为被解释变量表示节碳型环保技术扩散程度。因此，使用节碳型清洁生产技术的扩散程度，即节碳型环保技术扩散指数（用 CO_2 污染产生率，即单位工业增加值所产生的 CO_2 污染量的倒数来衡量）作为节碳型环保技术扩散的衡量标准。

三、核心解释变量

为全面反映碳排放规制的情况，本章将碳排放规制工具划分为命令型政策工具（mer）和激励型政策工具（ser），以此作为衡量碳排放规制的指标。这里的命令型政策工具即命令控制型碳排放规制政策，主要是指政府为达成一定的二氧化碳排放目标，对企业等组织的节碳型环保技术使用或者碳排放标准进行管理、控制和监督，对各省市的碳排放水平等做出明确要求。命令型政策工具的实施体现出政府对有关于减少二氧化碳排放的政策支持，为达到我国政府对减少二氧化碳排放、保护环境的政策目标，反映政府对其重视程度，并尽量避免实证变量设定的内生性问题，本章将碳排放规制政策行政规制的代理变量用省级政府工作报告中与碳减排相关词汇①出现频数占总词频数的比重来表示（陈诗一和陈登科，2018）。激励型政策工具，即激励型碳排放规制政策，主要分为财政激励型政策和碳交易市场政策，其中财政激励型政策以碳税政策和财政补贴手段为主，通过财政激励型政策和碳交易市场政策促进碳排放主体自发性减少二氧化碳排放。借鉴曹庆仁（2020）的文章，本章的激励型政策工具（ser）采用工业污染治理投资占工业总产值的比重作为衡量激励型碳排放规制政策的指标。鉴于目前研究碳排放规制相关领域的实证研究较少，指标体系构建尚不完善，且我国未实施碳税，受限于样本数据获取难度大，近年实施的财政奖励与补贴也无法纳入实证样本的研究中，故在综合考虑各项因素后，最终选择此指标衡量激励型政策。

四、控制变量

根据前文的分析，本章在面板数据模型中加入一系列控制变量，这些变

---

① 这里的碳减排相关词汇是指环境保护、环保、污染、能耗、减排、排污、生态、绿色、低碳、空气、化学需氧量、二氧化硫、二氧化碳、PM10、PM2.5 共 15 个词汇。

量与节碳型环保技术扩散有较强联系，囊括企业税收负担、企业研发强度、经济发展水平、出口依存度、城市化水平、投资开放度和地区产业结构相关变量。

第一，企业税收负担（qsf）。以各省地方财政企业所得税与企业主营业务收入之比表示企业税收负担。企业整体税收负担与企业的经营绩效和利润有着负相关关系，对企业进行结构性减税可以有效促进中小企业持续发展和激励企业技术创新。

第二，企业研发强度（qrd）。选取各地区规模以上工业企业研发投入与企业主营业务收入之比作为企业研发强度的衡量指标。企业研发活动可以促进技术进步，同时是经济持续增长的根本驱动力。研发强度大的企业更有可能引进或自主研发节碳型环保技术，推动整个行业的技术进步和扩散。因此，在本文，我们假设企业研发强度对节碳型环保技术扩散具有积极影响。

第三，经济发展水平（gdp）。随着经济的发展，企业对环保技术扩散所持的态度有所变化，经济发展水平的高低影响着节碳型环保技术扩散。因此，以地区人均国内生产总值（以2009年为基期使用消费者价格指数对名义变量进行平减）来衡量不同地区经济发展水平。

第四，出口依存度（exd）。选取各省出口总额占地区国内生产总值的比重作为出口依存度的衡量指标，以控制节碳型环保技术扩散受到贸易等对外活动的影响。

第五，城市化水平（urb）。以各省城市人口占总人口的比重衡量城市化水平。我国城市创新能力与城市化水平高低有着紧密联系，创新能力低的城市一般城市化水平较低，城市创新能力与城市化水平协调度呈上升趋势。

第六，投资开放度（fdi）。选取各地区实际利用外商直接投资额占地区国内生产总值的比重作为投资开放度的衡量指标。外商直接投资是中国经济增长的重要推动因素之一，其对我国制造业技术创新绩效具有明显的调节作用。

第七，地区产业结构（indu）。产业结构会直接影响碳排放规制的实施侧重点，也会影响节碳型环保技术扩散的速度，尤其是以第二产业为主导的地区更加关注二氧化碳排放量。因此，本章以第二产业产值占地区总产值的比例衡量地区产业结构。

本章主要变量的定义说明如表5-1所示。

表5-1　变量定义说明

变量类型	变量名称	变量符号	变量说明
被解释变量	节碳型环保技术扩散指数	cpt	二氧化碳污染产生率（单位工业增加值所产生的二氧化碳污染量的倒数）
核心解释变量	命令型政策工具	mer	省级政府工作报告中与碳减排相关词汇出现频数占总词频数的比重
	激励型政策工具	ser	工业污染治理投资占工业总产值的比重
控制变量	企业税收负担	qsf	各省地方财政企业所得税与企业主营业务收入之比
	企业研发强度	qrd	各地区规模以上工业企业研发投入与企业主营业务收入之比
	经济发展水平	gdp	地区人均国内生产总值
	出口依存度	exd	各省出口总额占地区国内生产总值的比重
	城市化水平	urb	各省城市人口占总人口的比重
	投资开放度	fdi	各地区实际利用外商直接投资额占地区国内生产总值的比重
	地区产业结构	indu	第二产业产值占地区总产值的比例

五、数据来源及变量的描述性统计

基于数据的可得性，本章选取2009~2018年我国30个省、自治区、直辖市的省级面板数据进行后续实证研究，研究不包括西藏及香港、澳门和台湾地区。各变量数据主要来源于中国碳核算数据库、国家统计局、《中国环境统计年鉴》、《中国科技统计年鉴》等。在实证分析中，为消除异方差及保证数据的稳定性，对变量做了取自然对数的处理，运用 Stata 软件对数据进行统计和分析。各变量的描述性统计如表5-2所示。

表5-2　主要变量的描述性统计

变量	样本数量	均值	标准差	最小值	最大值
cpt	300	25.9700	12.9800	5.9490	68.1400
mer	300	0.0064	0.0023	0.0020	0.0151
ser	300	0.0035	0.0031	0.0004	0.0280
qsf	300	0.0108	0.0099	0.0031	0.0601
qrd	300	0.0074	0.0031	0.0022	0.0167
gdp	300	5.7810	3.6330	1.0600	25.6200
exd	300	0.1410	0.1520	0.0109	0.7130
urb	300	0.5590	0.1290	0.2990	0.9010
fdi	300	0.0033	0.0025	0.0000	0.0128
indu	300	0.4540	0.0846	0.1710	0.5900

由表5-2知，被解释变量节碳型环保技术扩散指数最小值为5.9490，最大值为68.1400，说明地区间节碳型环保技术扩散程度的差异较大。另外，核心解释变量激励型政策工具、命令型政策工具和控制变量的变化范围也较大，有利于下文的实证分析。

六、相关性检验

利用 Pearson 相关系数（Pearson Correlation Coefficient）进行相关性分析。如表5-3所示，从表中第一列第二行来看，被解释变量节碳型环保技术扩散

表 5-3　Pearson 相关性分析

	lncpt	lnser	lnmer	lnqsf	lnqrd	lngdp	lnexd	lnurb	lnfdii	lnindu
lncpt	1									
lnser	-0.616***	1								
lnmer	0.169***	-0.027	1							
lnqsf	-0.017	-0.036	0.149***	1						
lnqrd	0.586***	-0.278***	0.163***	0.259***	1					
lngdp	0.404***	-0.043	0.380***	0.311***	0.520***	1				
lnexd	0.591***	-0.349***	-0.012	0.222***	0.550***	0.337***	1			
lnurb	0.496***	-0.308***	0.106	0.449***	0.693***	0.721***	0.579***	1		
lnfdii	0.533***	-0.389***	-0.169***	0.101*	0.467***	0.163***	0.445***	0.499***	1	
lnindu	0.038	0.051	-0.091	-0.785***	-0.219***	-0.304***	-0.078	-0.329***	0.043	1

指数与解释变量激励型政策工具的相关系数为-0.616，激励型政策工具与节碳型环保技术扩散指数存在显著的负向强相关关系，即节碳型环保技术扩散指数和激励型政策工具的相关性在1%的水平上显著为负，从相关性上来看，激励型政策工具存在对节碳型环保技术扩散的正向促进作用。从表中第一列第三行来看，命令型政策工具与节碳型环保技术扩散指数存在显著的正向相关关系，在一定程度上可以表明命令型政策工具对节碳型环保技术扩散具有一定的促进作用。企业税收负担、企业研发强度、经济发展水平、出口依存度、城市化水平、投资开放度和地区产业结构之间的相关系数的绝对值大部分处于0.01~0.6，即低于变量之间具有多重共线性的门槛值，进一步验证了变量选取的科学合理性。总体结果表明，在进行相关性分析后，变量之间的相关关系符合本章的预期假设。

第四节　实证结果分析

实证结果分析研究分四个阶段进行。第一阶段是基准回归分析，首先单独检验核心解释变量命令型政策工具和激励型政策工具对节碳型环保技术扩散指数的影响，然后加入其他控制变量，考察各变量对节碳型环保技术扩散的影响，基准回归结果如表5-4所示；第二阶段是分地区进行回归分析，由于我国不同区域的社会经济发展状况不一，故将我国的经济区域划分为东部、中部、西部三大地区，并分别进行实证分析，结果如表5-5所示；此外，由于南北方存在"冬季供暖"的能源消费差异，进一步以南北方为研究区域进行地区细化特征的实证检验，结果如表5-6所示；第三阶段是稳健性检验，结果如表5-7和表5-8所示；第四阶段是拓展性分析，主要通过构建双重差分模型（DID）进行政策分析，结果如表5-9、图5-2和表5-10所示。

一、基准回归分析

进行Huasman检验来判断使用固定效应还是随机效应模型，由于Huasman检验严格拒绝随机效应，因此，本章采取固定效应模型进行估计，同时控制地区和时间效应，模型估计结果如表5-4所示。

表5-4　基准回归结果

变量	模型1	模型2	模型3
	固定效应	固定效应	随机效应
lnser	-0.0868***	-0.0772***	-0.106***
	(-3.766)	(-3.721)	(-5.098)
lnmer	0.0266	0.0336	0.0492
	(0.654)	(1.015)	(1.276)
lnqsf		-0.267***	-0.110
		(-3.716)	(-1.396)
lnqrd		0.151**	0.194***
		(2.340)	(2.648)
lngdp		0.408***	0.242***
		(4.650)	(4.590)
lnexd		-0.0427	0.0450
		(-1.519)	(1.473)
lnurb		-0.450	0.195
		(-1.460)	(0.769)
lnfdi		0.0501**	0.0853***
		(2.458)	(3.175)
lnindu		0.703***	0.557***
		(3.464)	(2.771)

续表

变量	模型 1	模型 2	模型 3
	固定效应	固定效应	随机效应
Constant	2. 738***	2. 174***	4. 002***
	(10. 67)	(3. 972)	(6. 010)
Individual effect	Yes	Yes	—
Time effect	Yes	Yes	—
Observations	300	300	300
R-squared	0. 928	0. 950	—
F	7. 48	15. 43	—
	(0. 000)	(0. 000)	—
Number of province	30	30	30

注：*、**和***分别表示在10%、5%和1%的统计水平上显著，括号内为 t 统计量。

从总体回归结果来看，模型的估计结果是稳健的，能够反映各影响因素对节碳型环保技术扩散产生的影响效应。无论是否增加控制变量，市场型政策工具在 1% 的水平上均显著为负，即激励型政策工具能够促进节碳型环保技术的扩散，原因可能是激励型政策工具相对于命令型政策工具来看更加灵活和具有激励性，能够促使相关企业进行技术创新尝试来使企业成本降低，从而实现利益最大化的目标。但是其系数较小，在 0.08 左右，说明这种激励效应还处于较低的状态，中国碳排放权交易市场试点在 2013 年才开始启动，全国性碳排放交易市场在 2017 年底才开始建设，2021 年 7 月上市，基于本章数据的可得性仅更新到 2018 年，所以激励型政策工具的激励作用在全国范围内是有限的。但随着全国碳排放权交易制度的不断完善，市场激励型政策工具对节碳型环保技术扩散的作用效果会越来越大。命令型政策工具则都不显著，这可能是因为本章对命令型政策工具的测量方法有所偏差以及政府工作报告中的文字表述导向并不会百分百落实在社会各种组织的行动上，抑或从政府工作报告到社会各组织的行动落实中存在长时间的摸索过程，因此以上因素可能导致命令型政策工具对节碳型环保技术扩散的影响不显著。

从控制变量来看，企业税收负担对节碳型环保技术的扩散产生了消极影响，且在1%的显著性水平上影响显著。企业税收负担与节碳型环保技术扩散指数之间的弹性系数为-0.267，即当其他变量不变时，企业税收负担每增加1%，导致节碳型环保技术扩散指数减少0.267%。这主要是因为企业税收负担越大，企业的成本会越高，导致企业利润减少，在企业利润减少的环境下，很少会有企业增加节碳型环保技术的引进与自主创新。

企业研发强度促进了节碳型环保技术的扩散，且在5%的水平上影响显著。企业研发强度与节碳型环保技术扩散指数的弹性系数为0.151，即当其他条件不变时，企业研发强度每增加1%，节碳型环保技术扩散指数增加0.151%，这说明研发强度大的企业更有可能引进或自主研发节碳型环保技术，并应用到企业的生产过程中去。

经济发展水平有利于节碳型环保技术的扩散，且在1%的显著性水平上影响显著。经济发展水平与节碳型环保技术扩散指数之间的弹性系数为0.408，即当其他变量不变时，经济发展水平每增加1%，导致节碳型环保技术扩散指数增加0.408%。这反映了一个地区的经济发展水平在一定程度上促进了该地区节碳型环保技术的扩散，一般来说，地区的经济发展水平越高，其所在地企业盈利能力就越强，企业的研发强度越大，间接促进了节碳型环保技术扩散的程度。

投资开放度对节碳型环保技术的扩散存在着正向的促进作用，且在5%的水平上显著。投资开放度与节碳型环保技术扩散之间的弹性系数是0.0501，即当其他条件不变时，投资开放度每增加1%，节碳型环保技术扩散指数增加0.0501%。这可能是由于外商投资的竞争效应，倾向于让企业采用能够带来经济效益的节碳型环保技术。

地区产业结构对节碳型环保技术扩散具有正向促进作用，且在1%的水平上影响显著。地区产业结构与节碳型环保技术扩散指数之间的弹性系数为0.703，即当其他变量不变时，地区产业结构每增加1%，导致节碳型环保技术扩散指数增加0.703%，意味着产业结构的变化对节碳型环保技术扩散的影响较大，地区产业结构的升级能够推进新兴产业、绿色低碳产业等的发展，从而加强了节碳型环保技术的扩散。

二、分地区回归分析

1. 分东部、中部、西部地区回归结果

为科学地反映我国不同区域的社会经济发展状况，探讨不同区域碳排放规制对节碳型环保技术扩散的差异性影响，依据北京市宏观经济与社会发展基础数据库将我国的经济区域划分为东部、中部、西部三大地区并进行回归分析，结果如表5-5所示。

表5-5　东部、中部、西部地区回归结果

变量	东部		中部		西部	
	lncpt	lncpt	lncpt	lncpt	lncpt	lncpt
lnser	−0.0419	−0.00774	−0.171***	−0.0815**	−0.143***	−0.0789*
	(−1.261)	(−0.346)	(−3.300)	(−2.315)	(−3.051)	(−1.720)
lnmer	−0.0922	−0.0108	0.185***	0.0127	−0.0417	0.0841
	(−1.345)	(−0.264)	(2.650)	(0.290)	(−0.510)	(1.116)
lnqsf		−0.571***		0.0448		−0.294**
		(−3.676)		(0.393)		(−2.326)
lnqrd		0.104		−0.198		0.292**
		(0.862)		(−1.559)		(2.446)

续表

变量	东部		中部		西部	
	lncpt	lncpt	lncpt	lncpt	lncpt	lncpt
lngdp		0.474***		0.906***		0.143
		(4.824)		(6.067)		(1.065)
lnexd		-0.329**		0.0475		0.0625
		(-2.354)		(1.531)		(1.036)
lnurb		-1.438***		1.204***		1.483
		(-2.834)		(2.760)		(1.376)
lnfdi		0.0503		-0.0736		0.0111
		(1.482)		(-1.145)		(0.406)
lnindu		0.500**		0.875***		0.688*
		(2.124)		(4.620)		(1.845)
Constant	2.670***	-0.137	2.996***	1.736	1.771***	4.644***
	(6.306)	(-0.282)	(6.998)	(1.524)	(3.394)	(3.034)
Individual effect	Yes	Yes	Yes	Yes	Yes	Yes
Time effect	Yes	Yes	Yes	Yes	Yes	Yes
Observations	120	120	90	90	90	90
R-squared	0.917	0.974	0.895	0.964	0.932	0.961
F	1.56	27.10	7.44	18.45	4.66	12.34
	(0.216)	(0.000)	(0.000)	(0.000)	(0.013)	(0.000)

注：*、**和***分别表示在10%、5%和1%的统计水平上显著，括号内为t统计量。

对于东部地区而言，无论是否加入控制变量，碳排放规制工具对节碳型环保技术扩散的影响均不显著。在1%的显著性水平下，中部和西部地区的激励型政策工具在未加入控制变量的条件下显著为负，中部地区的命令型政策工具显著为正，在加入控制变量之后，显著性降低，与此同时其系数的绝对值也相应变小，但符号方向不变。中部、西部地区的激励型政策工具对节碳型环保技术扩散具有显著的负向影响，说明激励型政策工具能够促进节碳型环保技术的扩散，这可能是因为东部地区的第三产业比重较大而中部和西部地区第二产业的比重较大，中部和西部经济发展对能源消费碳排放的依赖性更强，同时，东部地区低碳经济的经济格局比中部、西部地区形成的较早所导致，所以中部、西部地区更符合全国总体省份的基准回归结果。

2. 分南、北方地区回归结果

我国地域广阔，南北方地区差异较大，南北方存在"冬季供暖"的能源消费及碳排放差异。因此，按照南北方分区方法，本章为进行区域间差异性研究，对以南北方为标准划分的区域进行实证检验，结果如表5-6所示。

表5-6 分南、北方地区回归结果

变量	北方		南方	
	lncpt	lncpt	lncpt	lncpt
lnser	−0.0505	−0.0526	−0.0591**	−0.0556**
	(−1.296)	(−1.597)	(−2.562)	(−2.137)
lnmer	−0.00733	0.0142	0.0296	0.0125
	(−0.127)	(0.307)	(0.690)	(0.324)
lnqsf		−0.293***		−0.131
		(−3.174)		(−1.302)
lnqrd		0.0560		0.0953
		(0.401)		(1.085)
lngdp		0.157		0.402***
		(1.061)		(3.060)
lnexd		−0.0841		0.0406
		(−1.394)		(1.421)
lnurb		−0.0434		−0.629**
		(−0.0724)		(−2.269)
lnfdi		0.0501**		0.0369
		(2.093)		(1.306)

续表

变量	北方		南方	
	lncpt	lncpt	lncpt	lncpt
lnindu		0.749***		0.739***
		(2.805)		(3.134)
Constant	2.557***	1.923**	3.136***	2.840***
	(6.418)	(2.253)	(12.00)	(3.462)
Individual effect	Yes	Yes	Yes	Yes
Time effect	Yes	Yes	Yes	Yes
Observations	150	150	150	150
R-squared	0.919	0.940	0.958	0.969
F	0.84	8.41	3.55	6.21
	(0.434)	(0.000)	(0.032)	(0.000)

注：*、**和***分别表示在10%、5%和1%的统计水平上显著，括号内为t统计量。

对于北方地区而言，无论是否加入控制变量，碳排放规制工具对节碳型环保技术扩散的影响均不显著。在5%的显著性水平下，南方地区的激励型政策工具在未加入控制变量的条件下显著为负，在加入控制变量之后，显著性不变，系数的绝对值相应变小，但符号方向不变。对比南北方实证结果可以发现，在北方地区，无论是命令型政策工具还是激励型政策工具对节碳型环保技术扩散的影响并不显著，而南方地区却与全国总体结果一致，这体现出南北方地区在政策工具对环保技术扩散的敏感度上差异较大。其原因可能是北方为重工业集聚区域且冬季寒冷，对煤炭的消费方面存在刚性，进而节碳型环保技术的应用企业较少；而南方地区服务业和高新技术产业较多，其节碳型环保技术的应用较多，相对而言技术较容易扩散。

三、稳健性检验

为确保实证结果的可靠性，避免变量的内生性问题，在上述结论的基础上，进行了以下稳健性检验。

首先，考虑到核心解释变量可能存在内生性问题，选取命令型政策工具与激励型政策工具的滞后一期变量作为工具变量进行回归检验，得出的结果和基准回归结果一致，如表5-7中模型1所示，命令型政策工具对节碳型环保技术扩散具有积极影响，激励型政策工具对节碳型环保技术扩散具有消极影响，即激励型政策工具的实施可以在一定程度上促进节碳型环保技术的扩散。进一步地，将命令型政策工具与激励型政策工具交互项的滞后一期变量用符号 L. lnjc 表示，以表明两者的共同影响，结果显示，在没有控制变量的情况下，其在1%的显著性水平下显著，表明命令型政策工具与激励型政策工具交互项的滞后一期可以促进节碳型环保技术的扩散，在控制了其他变量的情况下，结果与其一致，具体见表5-7。

表5-7 工具变量检验回归结果

变量	模型 1	模型 2	模型 3
	lncpt	lncpt	lncpt
L. lnser	−0.0605 **	−0.688 ***	−0.558 **
	(−2.292)	(−3.069)	(−2.581)
L. lnmer	0.0885 *	−0.636 **	−0.531 **
	(1.946)	(−2.375)	(−2.053)
L. lnjc		−0.122 ***	−0.103 **
		(−2.810)	(−2.412)
lnqsf			−0.267 ***
			(−4.005)
lnqrd			0.0455
			(0.637)
lngdp			0.420 ***
			(4.399)

续表

变量	模型 1	模型 2	模型 3
	lncpt	lncpt	lncpt
lnexd			−0.0430
			(−1.295)
lnurb			−0.122
			(−0.314)
lnfdi			0.0363
			(1.540)
lnindu			0.707***
			(3.547)
Constant	3.246***	−0.485	−0.873
	(10.95)	(−0.349)	(−0.582)
Individual effect	Yes	Yes	Yes
Time effect	Yes	Yes	Yes
Observations	270	270	270
R-squared	0.929	0.931	0.952
F	5.09	6.09	12.70
	(0.007)	(0.000)	(0.000)

注：*、**和***分别表示在10%、5%和1%的统计水平上显著，括号内为t统计量。

其次，考虑到节碳型环保技术扩散指标存在其他可能的衡量方式，借鉴环保技术扩散的表征从专利数量的角度考量的方式，将被解释变量节碳型环保技术扩散指数（cpt）用绿色发明专利授权量（gipg）来替代，该指标是用各个省份中企业绿色发明专利授权量数据处理所得，替换变量后检验的回归结果如表5-8所示。由表5-8可知，将被解释变量节碳型环保技术扩散指数进行替换后，无论是否加控制变量，命令型政策工具均在10%的统计水平上显著，这表明政府对保护环境的重视和要求会有效促进绿色发明专利授权量的增加，促进节碳型环保技术的扩散。

表 5-8　替换变量检验回归结果

变量	lngipg	lngipg
lnmer	1.164*	1.109*
	(1.763)	(1.735)
lnser	0.0124	0.265
	(0.0460)	(0.964)
lnqsf		-0.410
		(-0.375)
lnqrd		-0.0519
		(-0.0400)
lnurb		11.55***
		(3.569)
lnfdi		-0.110
		(-0.323)
lnindu		-0.770
		(-0.340)
Constant	6.815*	11.53
	(1.792)	(1.517)
Individual effect	Yes	Yes
Time effect	Yes	Yes
Observations	300	300
R-squared	0.770	0.781
F	1.55	3.14
	(0.213)	(0.003)

注：*、**和***分别表示在10%、5%和1%的统计水平上显著，括号内为t统计量。

四、拓展性分析

为进一步拓展分析碳排放规制中激励型政策工具的表现形式在我国的实施效果，即碳排放权交易市场措施的有效性，因此采用双重差分方法进行政策效果评估分析。众所周知，设立碳排放权交易市场试点地区是我国为推进经济可持续发展而实施的碳排放规制中的一项措施，2013 年 6 月，我国第一批碳排放权交易试点的七个省市分别为上海、北京、广东、深圳、天津、湖北和重庆，由于深圳市属于广东省，故将 30 个省份分为 6 个试点省份和 24 个非试点省份进行政策分析。双重差分方法（Difference-in-Difference，DID）是进行政策效果评估的普遍方法，传统 DID 模型如式（5-3）所示。

$$y_{it} = \partial_1 treat_i + \partial_2 time_t + \beta treat_i \times time_t + \varepsilon_{it} \tag{5-3}$$

其中，$treat_i$ 是分组虚拟变量，表示实验组和控制组的差异，用来表示某省份是否属于碳排放权交易市场试点省份，纳入碳排放权交易市场试点的省份取值为 1，即实验组；未纳入碳排放权交易市场试点的省份取值为 0，即控制组。时间虚拟变量 $time_t$ 是政策实施前后的年份，政策实施后的年份，即 2013 年及之后的年份 $time_t$ 取值为 1，政策实施前的年份取值为 0。$treat_i \times time_t$ 是分组虚拟变量和时间虚拟变量的交互项，系数 β 反映了政策实施的处理效应。ε_{it} 是随机扰动项。

具体地，本章在面板模型中加入控制变量，如式（5-4）所示。

$$y_{it} = \partial_0 + \partial_1 treat_i + \partial_2 time_t + \beta treat_i \times time_t + \gamma x_{it} + \varepsilon_{it} \tag{5-4}$$

其中，x_{it} 为控制变量，代表影响节碳型环保技术扩散的其他因素；ε_{it} 为随机扰动项；i 和 t 分别为各个省份和所在年份；β 为碳排放权交易市场试点政策对节碳型环保技术扩散的净效应系数，具体的推导如

表 5-9 所示。

表 5-9　政策净效应系数推导

	Time = 1（政策后）	Time = 0（政策前）	一重差分值
Treat = 1（实验组）	$\alpha_0 + \alpha_1 + \alpha_2 + \beta$	$\alpha_0 + \alpha_1$	$\alpha_2 + \beta$
Treat = 0（控制组）	$\alpha_0 + \alpha_2$	α_0	α_2

双重差分后得出政策净效应系数为：$\alpha_2 + \beta - \alpha_2 = \beta$

五、平行趋势检验

确保双重差分估计的有效性，前提是进行实验组和控制组在处理之前的平行趋势假设。因此，为了验证模型的适当性，对实验组和控制组的节碳型环保技术扩散指数的对数进行了平行趋势检验。以中国第一批碳排放权交易试点的七个省市开始交易的时间为政策实施的起点，2013 年前，假设组成面板数据的各个省份的节碳型环保技术扩散指数的对数有相似的变化趋势，后期相关变量值的改变证明政策实施有一定的影响。图 5-2 表示 2009~2018 年节碳型环保技术扩散指数的对数变化的趋势，选择实验组中七个省市为试点地区，其他地区为控制组。结果显示，在碳排放权交易市场政策实施之前，实验组和控制组节碳型环保技术的扩散大致保持相同增长趋势，而在政策实施之后，实验组和控制组节碳型环保技术的扩散增长趋势出现明显变化。鉴于此，可以得出符合平行趋势的假设。

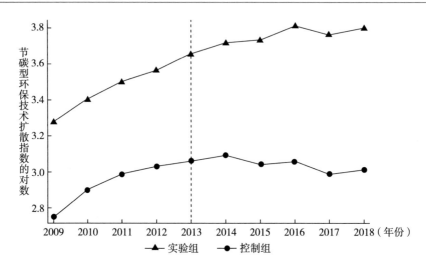

图 5-2　平行趋势

六、双重差分检验结果分析

在采用双重差分方法进行分析时，选取节碳型环保技术扩散为被解释变量，政策变量 did 为解释变量，根据双重差分模型建立了固定效应模型和可测量政策影响效应的动态模型，模型结果如表 5-10 所示。

表 5-10　对试点省份的双重差分分析回归结果

变量	政策实施后	政策实施后	政策实施后
	固定效应模型	固定效应模型	随机效应模型
did	0.185***	0.304***	0.297***
	(0.0392)	(0.0367)	(0.0580)
lnqsf		−0.286***	−1.38*
		(0.0657)	(0.0792)
lnqrd		0.109*	0.106
		(0.0579)	(0.0872)

续表

变量	政策实施后	政策实施后	政策实施后
	固定效应模型	固定效应模型	随机效应模型
lngdp		0.395***	0.156***
		(0.0857)	(0.0462)
lnexd		-0.0513*	-0.00837
		(0.0271)	(0.0264)
lnurb		0.487	0.956***
		(0.312)	(0.241)
lnfdi		0.0388**	0.0510**
		(0.0190)	(0.0220)
lnindu		0.778***	0.862***
		(0.189)	(0.206)
Constant	3.097***	2.682***	4.281***
	(0.00992)	(0.560)	(0.666)
Individual effect	Yes	Yes	—
Time effect	Yes	Yes	—
Observations	300	300	300
R-squared	0.928	0.956	—
F	22.35	28.98	—
	(0.000)	(0.000)	—

注：*、**和***分别表示在10%、5%和1%的统计水平上显著，括号内为稳健标准误。

由表5-10可知，双重差分模型下碳排放权交易市场成立对节碳型环保技术扩散的影响。其中，第一列是不加控制变量的个体、时点固定后的固定效应模型，第二列是加了控制变量后个体、时点固定后的固定效应模型，第三列是加了控制变量后的随机效应模型。从表中可以看出，无论是否加控制变量，政策变量did的系数在1%的水平下显著，而且加了控制变量后，政策变量did的系数为0.304，表明碳排放权交易市场政策的实施对节碳型环保技术扩散具有积极影响，验证了政策的有效性。

就控制变量而言，企业税收负担和出口依存度对节碳型环保技术扩散起到显著的负向作用。税收负担越大的企业，越会抑制节碳型环保技术的扩散，系数较大，反映了企业税收负担在碳排放权交易市场政策中的贡献比重较大，同时说明给企业减税降费是提高节碳型环保技术扩散的一个关键因素。出口依存度与节碳型环保技术扩散呈负相关关系，说明出口依存度高的地区会减缓节碳型环保技术扩散的速度，为促进节碳型环保技术扩散，应在进出口贸易中形成国内国际双循环的格局，尽快转变以出口为导向的战略，促进我国供给侧结构性改革与经济高质量发展。另外，企业研发强度、经济发展水平、投资开放度和地区产业结构对节碳型环保技术的扩散有显著的正向影响。企业研发强度越大，说明企业的研发经费充足，企业的技术越先进、成熟，对于节碳型环保技术扩散就会有促进作用。经济发展水平越高的地区对于节碳型环保技术重视度越高，其扩散速度也越快。投资开放度提高了投资效率，带动了经济增长，对节碳型环保技术扩散的影响虽然微弱，但是显著。地区产业结构对节碳型环保技术的扩散有显著的正向影响，系数为 0.778，说明地区产业结构是推动节碳型环保技术扩散的一个关键因素。

第六章

政府引导基金对环保技术
扩散的助推效应

第一节 行业背景与研究意义

一、研究背景

从我国资本市场融资去媒介化、健全绿色金融的产业投融资体系这一长期经济发展战略规划来看，政府引导基金成为当前政策性金融体系推动兼顾生态环保与经济效益的绿色发展进程中不可或缺的主力军。政府引导基金是一种财政政策和金融工具相结合的创新环保投融资方式。政府引导基金能否对环保技术扩散起到引导作用，且如何利用政府引导基金实现绿色产业结构升级与环保技术创新扩散等任务值得我们进一步深入研究。

目前，在国家政策推动下我国政府引导基金的规模逐渐扩大。截至2021年，我国私募股权投资基金已达10.5万亿元，而政府引导基金的目标规模是4.12万亿元，占私募股权基金的比重已达39.24%[①]。绿色产业是政府引导基金的重要投资方向，占比均在10%左右。清科私募通数据显示，政府产业引导基金作为LP的基金共有1944只，总目标规模30916.47亿元，其中，投向环保、新材料、新能源、其他清洁技术等绿色产业领域的基金总目标规模3409.62亿元，占比为11.03%。在地方层面上，近年来各省区市普遍设立政府引导基金，鼓励创投机构投资于绿色环保产业。

---

① 资料来源：清科私募通数据库（PEDATA）。

二、研究意义

1. 理论意义

随着我国重点推行绿色发展，节能生产、清洁生产、新能源等绿色产业快速壮大，绿色投融资需求也随之增加，但由于我国针对此类绿色科创企业进行投融资的绿色金融体系尚未完善，而政府直接补贴等政策行为存在过度干预、重复建设等低效率投资问题，造成产业无序发展，绿色产业的技术创新扩散发展亟须合理有效的投融资渠道，建立高效率的绿色基金投资体系对于绿色产业的环保技术创新扩散发展具有重要意义。

作为一种财政政策与金融工具相结合的创新型投融资基金，政府引导基金的推行与我国"创新、协调、绿色、开放、共享"的经济高质量发展理念相一致，以股权、债权等方式进行创业风险投资，增强技术关联性、辐射性，带动其他行业。在此背景下，探究以"政府引导，市场参与"为原则的政府引导基金对环保技术发展影响有着重要的理论意义。这是对推进环保技术扩散的有益探索，可以更好地为我国政府、企业以及金融机构等环保技术扩散参与主体提供合理的政策建议。

2. 实践意义

绿色产业发展的微观载体是企业，起点是资金、人才、技术等资源的投入，绿色产业生产过程伴随环保专利技术等科创成果的研发创新和实际推广扩散，以实现绿色产品与服务的市场化目标。绿色产业的发展核心是关键性的环保技术创新扩散，以重大市场需求为牵引，促进经济结构转型，对国家产业经济体系与生态环境产生较大的调节带动作用。表6-1为绿色产业不同环保技术阶段的发展特征。作为环保技术创新扩散参与主体，我国大多数绿色产业的环保技术推广扩散阶段缺少稳定持续的资金来源，在技术、市场和组织上缺乏有效的发展经验和成熟的技术发展模式，具有一定的技术与市场风险，投资收益率较低且回报期较长，其技术发展进程需要配套完善的绿色金融体系，包括绿色信贷、绿色基金、绿色保险等。

表 6-1　绿色产业不同环保技术阶段的发展特征

发展阶段	投资风险	回报期	盈利情况	资金来源	资金用途
环保技术研发创新阶段	大	长	负	自有资金、政府创新补贴、外商直接投资、绿色信贷、绿色基金、绿色债券等	基础科学研究和环保技术研发
环保技术推广扩散阶段	大	长	负	自有资金、政府创新补贴、外商直接投资、绿色信贷、绿色基金、绿色债券等	成果转化、环保技术适用性评估与推广
商业化阶段	小	短	正	自有资金、政府创新补贴、外商直接投资、绿色信贷、绿色基金、绿色债券等	产品规模化、产业化

作为一种创新型政策性金融工具，以"政府引导，市场参与"为原则的政府引导基金，通过财政资金引导社会资本聚集，在企业技术资金募集和资金使用方面发挥积极的带动作用。其投资标的与国家政策的发展投资目标吻合，都是以绿色产业投向以及传统污染产业结构转型为目标，通过产业升级和环保技术推广扩散从本质上解决产业造成的环境污染、资源消耗严重的现状。由于我国不同区域省份各方面发展的不平衡程度较大，通过实证研究我国政府引导基金对环保技术扩散的作用效果，对提高我国环保技术创新扩散水平和实现产业绿色低碳循环发展具有深刻的实践意义。

第二节　实证分析思路与研究假设

一、政府产业引导基金影响环保技术扩散的作用机制

区别于高度市场化的创投机构的风投行为以及完全依靠政府扶持的政府创新补贴，政府引导基金将财政资金与金融工具融合为一个整体，通过政府与市场的"双轮驱动"，社会资本在财政资金的引导下实现资本集聚，采用动态阶段性投资方式运作于绿色产业领域企业生产发展。政府引导基金不仅满足了技术创新扩散的资金需求，而且通过政策激励与约束规定了绿色发展投资方向，注重企业技术创新成果的转化以及产业化、商品化扩散进程，一定程度上解决了技术创新外溢效应和逆向选择问题。

以资本循环理论为基础，政府引导基金与环保技术扩散的良性循环机制的主要路径可以概括为：当技术采纳消费者群体逐步熟悉了非环保技术后，会对环保技术产生新的需求，企业为了经济效益以及更强的市场竞争力，将对非环保技术进行需求改进。此时，政府引导基金为其提供货币资本要素以及政策信息传递，间接引导社会资本进入绿色投资进程，实现社会资本集聚，构建产业发展的多元化资金支持链，通过资源有效配置使货币资本高效进入绿色产业投资项目进程，实现货币资本到生产资本的转变。环保技术创新是生产资本到商品资本的转变过程，最后的商品资本向货币资本的转变是实现环保技术扩散与应用的过程。图6-1为政府引导基金对环保技术扩散良性循环机制。

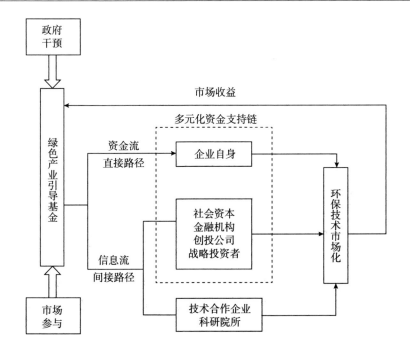

图 6-1 政府引导基金对环保技术扩散良性循环机制

根据信号传递理论,政府引导基金通过向其他市场主体发送信号,一定程度解决了绿色投资过程中的信息不对称问题,及时有效地弥补完全市场下的市场失灵,引导国有投资运营公司、创投机构等社会资本参与投资,促进政府引导基金与环保技术创新扩散的良性循环机制有效运行。政府引导基金为绿色产业提供投融资支持,促进企业逐渐从技术研发阶段进入市场商业化阶段,助推环保技术应用和扩散。政府与出资平台、金融机构等参与主体能够通过政府引导基金的绿色投资项目获得相应的收益,这是政府性基金管理机构或金融机构新的利润增长点。良性循环机制保障了全方位主体的利益增长,实现了环保技术的研发创新与实际推广扩散,促进经济、社会和生态环境共同可持续发展。

作为一种政府干预与市场化运作结合的创新型融资方式，政府引导基金对企业创新发展与技术升级具有产业政策推动。在已有研究中，产业政策主要分为功能性产业政策和选择性产业政策，由于两者在运行机制、政策途径等方面的差异，使企业产生了不同的技术创新动机（黎文靖和郑曼妮，2016）。功能性产业政策是以市场竞争和早期扶持为基础，激励企业进行技术的实质性创新扩散以提高企业市场价值。选择性产业政策是通过政府的选择来激励企业创新与技术更替，而企业为了获得政府的后期补贴而一味追求创新技术数量的策略性创新。图6-2为产业政策与技术创新扩散传导机制框架。

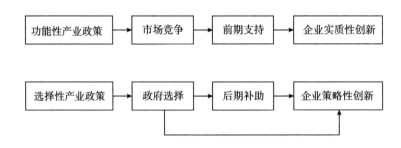

图6-2 产业政策与技术创新扩散传导机制框架

政府引导基金是一种财政政策与金融工具相结合的政策性基金，其政府与市场"双轮驱动"的特征，可以为企业环保技术扩散进程提供"市场友好型"的功能性产业政策，可以为开展绿色环保项目创造有利的市场发展环境，通过提供稳定资金流以及加强基础设施建设、人才培训等，为企业技术创新提供早期发展所需资源，帮助企业减小各种不确定性的影响，推动初创期、成长期企业技术成果转化，实现商品产业化与市场化，缓解了政府直接补贴产生的过度投资或重复建设等低效投资和产业无序发展问题，使更多的企业被准许进入市场，为了赢得市场份额，企业会不断地进行环保技术研发创新，以环保技术替代非环保技术进行新旧技术更替，最终实现环保技术推广扩散。基于以上分析，本书提出以下假设：

H6-1：政府引导基金对我国环保技术扩散具有促进作用。

二、融资成本机制

1. 资金支持

根据产业生命周期理论可知，绿色产业大多处于初创期与成长期，这类技术密集型的战略性新兴产业的发展面临生产设备不完善、市场需求小、产品设计和功能不稳定等诸多问题，需要大量的资金支持。但这些企业尚未形成相对固定的产业资产和稳定的资金流，且绝大部分的环保项目尚未成熟且成本高昂，普遍缺乏盈利机制和商业模式，导致其环保技术创新扩散进程具有较大的风险性，高度市场化的创投机构不愿意向这些企业提供资金支持，导致其开展绿色环保项目的融资成本极高。政府引导基金作为一种财政政策与金融工具有效融合的创新型融资渠道，通过财政资金引导社会资本集聚来实现资金募集，以政府引导、市场化运作的方式参与企业发展进程，为企业开展环保技术研发创新与推广扩散提供了稳定的资金流。企业从政府引导基金获取投融资时具有可得性和便利性的比较优势体现在清洁生产技术扩散的政策激励效应。引导基金具有专业的投融资项目管理机制，较为完善的征信机制与担保机制使绿色发展项目更易获得稳定资金流，有助于企业顺利从初始发展阶段转入商业化成熟期。

2. 社会网络

由创新扩散理论的博弈论可知，环保技术需求者和供给者之间存在资源异质性与信息不对称性，这是扩散渠道存在的要件，他们之间的互利共赢原则以及社会网络技术交流平台是环保技术扩散渠道的介质。技术创新扩散过程中，技术提供者、技术采纳者与潜在技术采纳者之间形成了社会网络，技术扩散的最终效果取决于技术采纳者能否接受和适用新技术。政府引导基金在社会网络中发挥了信息扩散效应（苏丹等，2018），其绿色投资行为可以为其他市场主体发送信号，为环保技术需求者与供给者提供技术交流平台，建立社会关系网络可以消除信息不对称造成的误差，基于政府公信度，技术扩散参与者之间容易建立信任，减少技术搜寻的时间和费用，促进企业的新旧技术更替，降低企业融资过程中的信息沟通产生的成本。同时政府引导基金可以为企业提供孵化与增值服务，在企业发展的不同阶段提供人员招聘、促进上下游产业沟通以及调整并完善股权结构等增值服务。

3. 政策监督

在环境保护和经济效益的权衡下，高度市场化模式使企业面临着较大的技术风险及市场失灵，企业不会主动选择环保技术研发创新与应用扩散。为驱动企业技术创新扩散，企业必须接受外部力量的引导，即需要发挥政府的环境政策监管职能，在产业技术扩散体系中发挥引导作用。以政府为主导的政府引导基金可以提供国家政策性金融优势和企业监督，具体表现为：政府引导基金做出决策为企业提供投融资之后，由于信息不对称，政府和金融机构会对其利用投融资的方向和效率进行实时监管，企业也会及时向政府及金融机构反馈。政府引导基金对企业的监管作用主要由政府和金融机构协同进行。政府与金融机构协作，通过对产业技术发展涉及的生态环境问题进行审查，使企业提高对生态效益回报的重视程度，参与到公司的环保技术生产管理中，为公司提供生产管理以及市场指导。企业监督对污染性投资的约束效应体现在对末端污染治理技术扩散的促进作用。

通过资金支持、社会网络、政策监督三方面对政府引导基金影响环保技术扩散的融资成本机制进行分析，本章认为在目前中国经济发展环境下，政府引导基金的推行能够通过融资成本机制促进环保技术扩散。就此提出以下假设：

H6-2：政府引导基金通过降低企业融资成本进而促进环保技术扩散。

三、研发投资机制

1. 资源配置

政府引导基金具有金融资源有效配置的功能，通过财政资金的政策导向引导社会资本集聚并流入绿色环保项目，增加高污染、高消耗项目的机会成本，以消除完全市场机制和纯粹的政府行为所带来的外部性和逆向选择问题。政府引导基金一般选用多轮投资方式，在企业发展初期，政府引导基金一般只会注入少量资本帮助企业实现项目启动，之后会根据绿色投资项目的发展情况进行阶段性投资。由此企业可以加大研发投入所占成本投入比例，通过技术研发、技术引进以及新旧技术更替等，推动环保技术推广扩散。政府引导基金在绿色产业发展中的资源配置功能，发挥政府与市场"双轮驱动"功能，可以有效弥补我国绿色产业在技术创新扩散阶段遇到的市场需求小、未形成固定的产业链与稳定的现金流等问题。

2. 技术筛选

由于环保创新技术的特性，绿色产业在成长中可能会出现众多企业就某一项关键技术开展竞争。政府引导基金的风险投资具备技术筛选功能，对推动环保技术发展为引导技术起到关键作用。一方面，政府引导基金的投资行为推动环保创新技术实现产业化后，政府间接干预绿色新兴产业的战略投资布局，会带来相关产业链技术创新扩散的积极连带效应，从而构建研发资本、环保技术与产业结构之间的动态协作体系；另一方面，政府引导基金对环保技术项目产业化过程中不同节点的技术项目进行阶段性投资，这个过程会带动同类型环保技术主动集聚，把环保技术的研发创新与实际推广应用相结合，由此提高环保技术创新扩散水平，并使绿色产业获得较强的市场竞争优势。

3. 风险分散

从企业风险来看，绿色产业发展的核心是环保技术创新与推广应用，进而实现产品市场化，这个过程往往具有庞大的风险。第一，在技术创新阶段，绿色产业会面临较大的技术研发风险和企业经营不确定性。技术创新具有一定程度的溢出效应，主要表现为知识、技术外溢，存在被模仿、损害企业利益的风险；第二，在技术扩散阶段，企业则面临新产品试制风险、创新成果转化及产业化风险。所以只有能够承担环保技术研发与推广应用失败后果的投资者才会投资此类科创企业。

政府引导基金作为一种政策性基金，区别于其他创投基金的利益最大化目标，引导基金主要为了扶持环保技术产业发展，为企业带来技术优势信息的政策性传递，这将产生引导社会资本集聚的效果，从而降低企业与其他技术合作企业、高校等科研院所之间合作关系的风险和不确定性，以此增加技术研发推广投入，以减少环境违规行为的潜在风险，从而实现环保技术扩散的生态发展目标。政府引导基金在参股创投基金时，会为其投资技术项目提供风险补偿，如果绿色项目投资成功会获得一定程度的经济回报收益，同时也为创投机构承担了部分项目研发失败和新旧技术转换带来的风险。

通过资源配置、技术筛选、风险分散三方面对政府引导基金影响环保技术扩散的研发投资机制进行分析，本章认为在目前中国经济发展环境下，政府引导基金的发展能够通过研发投资机制促进环保技术扩散。就此提出以下假设：

H6-3：政府引导基金通过增加企业研发投入进而促进环保技术扩散。

根据以上内容分析可知，政府引导基金对环保技术扩散的作用主要体现在社会资本集聚和政策调控方面，具体细分为：资金支持、社会网络、政策监督、资源配置、技术筛选以及风险分散，这些因素组成了融资成本机制和研发投资机制，共同作用于政府引导基金与环保技术扩散的良性循环。图 6-3 为政府引导基金对环保技术扩散的理论机制。

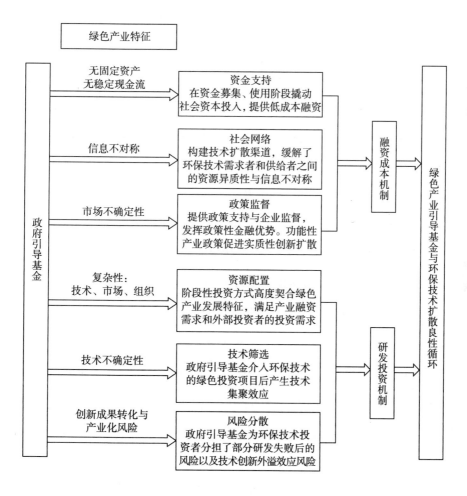

图 6-3 政府引导基金对环保技术扩散作用机制

第三节 变量选择与说明

一、变量设定

1. 被解释变量

绿色产业的中间产品是专利技术等科技产业成果的生产与转化，其发展的最终目标是提供被市场认可和接受的产品或服务，竞争替代非环保技术，通过市场化实现技术应用与扩散，因此可以使用绿色专利的实际授权数量作为环保技术扩散的衡量指标。参考《WIPO35 个技术领域与 IPC 对照表》以及我国专利授权的相关法规，绿色专利主要包括绿色发明专利和绿色非发明专利，其中绿色非发明专利主要以实用新型专利为主。

根据前文的理论机制分析，产业政策主要分为功能性产业政策和选择性产业政策（黎文靖和郑曼妮，2016），由于两者在运行机制、政策途径等方面的差异，使企业产生了不同的技术创新动机。以市场竞争与早期扶持为基础的功能性产业政策，可以激励企业进行环保技术的实质性创新扩散。选择性产业政策是通过政府选择来激励企业创新与技术更替，而企业为了获得政府的后期补贴而一味追求创新技术数量的策略性创新。借鉴现有文献（黎文靖和郑曼妮，2016），绿色发明专利可以代表环保技术的实质性创新，这是一种能够带动产业结构升级和促进绿色发展的高技术水平，符合我国经济高质量发展的战略目标；绿色实用新型专利属于环保技术的策略性创新，此类技术更多只是为了迎合政策要求，是一种只追求数量而忽略质量的创新行为。

为了验证政府引导基金能否促进环保技术扩散，并探究引导基金的政策作用路径。本章选取绿色专利授权总量（total）、绿色发明专利授权量（patent1）和绿色实用新型专利授权量（patent2）作为被解释变量。选取绿色专利授权总量（total）作为环保技术扩散程度的指标变量，绿色发明专利授权量（patent1）作为实质性环保技术扩散程度的指标变量，绿色实用新型专利授权量（patent2）作为策略性环保技术扩散程度的指标变量。

2. 核心解释变量

现阶段我国政府积极推动政府引导基金的成立并逐渐扩大规模，而节能环保、清洁生产、新能源等绿色产业是政府引导基金的重要投资方向。政府引导基金通过财政资金引导社会资本集聚投资于关键环保技术领域，主要支持可再生能源发电、新能源、新材料、清洁生产等行业。政府引导基金投向绿色产业的比重远高于纯市场化创投基金，是一种政府与市场"双轮驱动"的金融工具，逐渐成为绿色金融体系推动兼顾经济效益与生态环保的绿色发展进程中不可或缺的重要力量。由此，本章选用各省市政府引导基金（gf）作为核心解释变量，用各省市投放政府引导基金投资规模数额（人民币/亿）表示。

3. 控制变量

参考相关学者的文献，选取如下控制变量（Controls），具体为一系列可能影响环保技术扩散的、反映各地区经济基本面的地区特征变量：经济发展水平（gdp）、人口密度（pop）、城市化水平（urb）、消费水平（con）、出口依存度（exd）、市场化水平（mrk）、外商直接投资（fdi）、产业结构（ind），具体度量方式见表6-2。

表 6-2 变量选取与度量方式

变量类型	基本定义	符号	度量方式
被解释变量	环保技术扩散	total	绿色专利授权总量
	实质性环保技术扩散	patent1	绿色发明专利授权量
	策略性环保技术扩散	patent2	绿色实用新型专利授权量
核心解释变量	政府引导基金	gf	各省市投放政府引导基金投资规模数额
控制变量	经济发展水平	gdp	各省市生产总值
	人口密度	pop	各省市年末总人口/行政区域面积
	城市化水平	urb	各省市城市人口/总人口
	消费水平	con	各省市城市社会消费品零售总额/地区生产总值
	出口依存度	exd	各省市出口总额/地区生产总值
	市场化水平	mrk	各省市市场化指数指标
	外商直接投资	fdi	各省市实际利用外商直接投资/地区生产总值
	产业结构	ind	各省市第二产业产值/地区生产总值

二、资料来源与描述性统计

本章选取了全国 30 个省份 2011~2019 年的省级面板数据（由于数据缺失等原因，不包括西藏及港澳台地区）用于实证研究。被解释变量各类绿色专利数据来自中国研究数据服务平台（CNRDS）专利数据库。核心解释变量政府引导基金规模数据来自清科私募通数据库（PEDATA）。控制变量来自历年《中国统计年鉴》《中国科技统计年鉴》《中国工业统计年鉴》《中国环境统计年鉴》《中国城市统计年鉴》。为了确保实证结果的准确性，本章对数据进行对数处理以避免异方差问题，并进行统计分析，表 6-3 为主要变量的描述性统计。

表6-3　主要变量描述性统计

变量符号	样本量	极小值	极大值	均值	标准差	中位数
lntotal	270	3.09	10.42	7.64	1.35	7.65
lnpatent1	270	2.20	8.91	6.32	1.31	6.39
lnpatent2	270	3.22	10.56	7.41	1.36	7.42
lngf	270	0.26	10.00	5.11	2.27	5.51
lngdp	270	0.32	4.68	2.84	0.88	2.91
lnpop	270	2.06	8.28	5.42	1.31	5.64
lncon	270	3.10	4.11	3.69	0.15	3.70
lnexd	270	0.39	5.04	2.38	0.92	2.49
lnurb	270	3.54	4.54	4.03	0.20	4.03
lnmrk	270	0.98	2.40	1.84	0.28	1.83
lnfdi	270	4.66	11.75	9.53	1.13	9.82
lnind	270	0	3.77	1.96	0.89	2.04

三、平稳性检验

为了确保估计结果的有效性，需要将对数处理后的面板数据进行平稳性检验。为了确保检验结果具备较强的可信度，本章将采用 LLC、IPS 两种检验方法，原假设均为数据存在单位根。若检验结果均拒绝原假设，则可以判断这组数据是平稳的；若数据不平稳，则对原数据进行一阶差分后进行单位根检验。

表6-4 为面板数据单位根检验。根据检验结果可知，原数据存在不平稳数列，但一阶差分后的数据，LLC、IPS 检验的 P 值均小于 0.05，在 1%的置信水平下呈现平稳，即原数据存在一阶单整。

表 6-4　面板数据单位根检验结果

检验方法	LLC 检验		IPS 检验	
变量	Z-value	P-value	Wtbar	P-value
lntotal	−10.042	0.000	−5.139	0.000
lnpatent1	−7.902	0.000	−4.860	0.000
lnpatent2	1.495	0.933	7.905	1
lngf	−10.042	0.000	1.429	0.924
lngdp	−8.109	0.000	0.261	0.603
lnpop	−4.216	0.000	0.469	0.680
lncon	−3.472	0.0002	0.2575	0.602
lnexd	−3.077	0.001	1.2936	0.902
lnurb	−11.945	0.000	−2.7547	0.003
lnmrk	−12.447	0.000	−5.3066	0.000
lnfdi	−3.601	0.0002	1.6552	0.951
lnind	−11.672	0.000	−2.0627	0.0196
dlntotal	−16.592	0.000	−15.643	0.000
dlnpatent1	−17.536	0.000	−16.416	0.000
dlnpatent2	−21.707	0.000	−20.044	0.000
dlngf	−18.245	0.000	−17.26	0.000
dlngdp	−20.094	0.000	−18.508	0.000
dlnpop	−18.79	0.000	−17.346	0.000
dlncon	−18.565	0.000	−17.342	0.000
dlnexd	−19.366	0.000	−17.924	0.000
dlnurb	−18.518	0.000	−20.035	0.000
dlnmrk	−20.402	0.000	−18.756	0.000
dlnfdi	−20.807	0.000	−19.212	0.000
dlnind	−19.264	0.000	−17.737	0.000

第四节　实证结果分析

一、模型构建

为验证假设 H6-1：政府引导基金对我国环保技术扩散具有促进作用。对面板数据采用混合回归模型、固定效应模型和随机效应模型进行回归分析，通过 F 检验和 Hausman 检验选择面板数据模型，两种检验的 P 值均小于 0.05，强烈拒绝原假设。由此，本章选择固定效应模型进行面板数据基准回归，设立模型如式（6-1）所示：

$$\ln Diffusion_{it} = \alpha + \beta \ln gf_{it} + \gamma \ln Controls_{it} + \delta_i + \theta_t + \varepsilon_{it} \tag{6-1}$$

其中，被解释变量 $Diffusion_{it}$ 为环保技术扩散程度的相关指标，包括绿色专利授权总量（total）、绿色发明专利授权量（patent1）和绿色实用新型专利授权量（patent2）。核心解释变量 gf_{it} 为地区 i 在 t 年度投放政府引导基金投资金额。$Controls_{it}$ 为控制变量，具体为一系列可能影响环保技术扩散的地区特征变量，包括经济发展水平（gdp）、人口密度（pop）、消费水平（con）、城市化水平（urb）、出口依存度（exd）、市场化水平（mrk）、外商直接投资（fdi）、产业结构（ind）。此外，下标 i 表示地区，t 表示年份，模型控制了个体固定效应和年份固定效应。ε_{it} 为随机误差项。

二、协整检验

根据面板数据的平稳性检验结果，可知原数据为非平稳面板数据，需要进行面板协整检验，检验绿色产业基金与环保技术扩散之间是否存在稳定的面板协整关系。如果绿色产业基金与环保技术扩散之间存在稳定的面板协整关系，说明绿色产业基金对环保技术扩散具有一定的影响，反之说明有可能存在伪回归问题。选用 Kao 检验和 Pedroni 检验对面板数据进行协整检验。表 6-5 中模型（1）~模型（3）分别表示以绿色发明授权总量（total）、绿色发明专利授权量（patent1）和绿色实用新型专利授权量（patent2）作为被解释变量的面板协整检验结果。Kao 检验和 Pedroni 检验结果 P 值均小于 0.05，说明绿色产业基金与环保技术扩散之间存在稳定的面板协整关系，可以用原数据进行实证分析。

表 6-5　协整检验结果

检验方法	（1）		（2）		（3）	
	lntotal		lnpatent1		lnpatent2	
	统计量	P 值	统计量	P 值	统计量	P 值
Kao 检验	−5.080	0.01	−4.588	0.01	−3.753	0.022
Pedroni 检验	−7.156	0.01	−6.894	0.01	−6.385	0.01

三、基准面板回归分析

由于面板数据中存在着个体和时间层面的遗漏变量，基准回归过程使用固定效应模型，可检验政府引导基金是否对环保技术扩散产生影响。表 6-6 为基准回归结果，模型（1）~模型（3）分别是以绿色专利授权总量（total）、绿色发明专利授权量（patent1）和绿色实用新型专利授权量（patent2）作为被解释变量进行基准回归。回归结果可以看出，模型（1）中政府引导基金（gf）对绿色专利授权总量（total）的作用系数在 1% 置信水平上显著正相关。这个结果说明政府引导基金对环保技术扩散具有促进作用，与预期相符。这说明在绿色产业发展过程中，政府引导基金的参与发挥了其政府与市场的"双轮驱动"功能，以其独特的国家政策性金融优势为绿色产业提供投融资支持与政策激励约束，促进企业逐渐从初始阶段进入规模化、商业化的成熟阶段，实现政府引导基金与环保技术扩散的良性循环，有助于健全绿色发展的经济社会体系。

表6-6　政府引导基金影响环保技术扩散的基准回归结果

变量	（1） lntotal	（2） lnpatent1	（3） lnpatent2
lngf	0.116*** (0.017)	0.059*** (0.0174)	0.023 (0.017)
lngdp	1.290*** (0.182)	1.213*** (0.185)	1.942*** (0.224)
lnpop	0.228** (0.069)	0.228*** (0.068)	1.605. (0.818)
lnexd	-0.174** (0.058)	-0.350*** (0.059)	0.171** (0.057)
lncon	0.575*** (0.152)	0.903*** (0.158)	0.370** (0.133)
lnurb	0.666* (0.331)	0.293 (0.326)	2.155*** (0.547)
lnmrk	-0.462 (0.251)	-0.798** (0.251)	0.078 (0.291)
lnfdi	0.031 (0.036)	0.106** (0.037)	-0.062. (0.033)
lnind	-0.378* (0.161)	-0.407* (0.164)	-0.530*** (0.148)
Adj-R^2	0.807	0.706	0.894

续表

变量	(1)	(2)	(3)
	lntotal	lnpatent1	lnpatent2
N	270	270	270

注：＊、＊＊、＊＊＊分别表示 10%、5%、1%的显著性水平。

从模型（2）、模型（3）可以看出，政府引导基金（gf）对绿色发明专利授权量（patent1）的作用系数为 0.059，呈 1%置信水平的显著正相关。但政府引导基金（gf）对绿色实用新型专利授权量（patent2）的作用系数为正但不显著。这意味着政府引导基金的投入是通过促进环保技术的实质性创新扩散而达到技术扩散效果。政府引导基金发挥政策性金融优势，为企业提供的"市场友好型"的功能性产业政策间接干预技术创新扩散效果显著，为绿色产业的发展创造了具有稳定资金流、完备基础设施的良好环境，企业间适度地市场化竞争能够帮助政府及金融机构筛选出更加具备技术创新与扩散能力的企业，更好地预见技术发展前景。政府引导基金的市场化参与弥补了政府直接补贴参与产业政策的劣势，其运行效果证明了财政政策与金融工具融合是推行更积极财政政策的有效途径。

从控制变量来看，经济发展水平（gdp）、消费水平（con）显著促进了环保技术扩散，与预期结果一致。已有研究中，地区经济发展水平决定了该地区的科学技术发展路径，当一个地区的经济发展水平较高时，该地区的技术原则倾向于以自主创新的科学技术。反之，该地区选择技术引进为基础的模仿性技术发展路径。城市化水平（urb）正向作用于环保技术扩散，这表明城市化促使技术和人力资本聚集，人力资本的提升会支撑企业采用先进环保技术，促进了清洁生产技术的扩散。市场化程度（mrk）对环保技术的应用与扩散起到了一定的抑制作用。市场化水平反映了地区产业发展中政府干预与市场化之间作用程度，市场化水平保持在一个较低的程度，更有利于环保技术的实际推广扩散。出口依存度（exd）显著抑制了环保技术应用与扩散。这与我国出口产品结构有关，我国目前还处在低端的生产工艺阶段，即使能获得一定的利润，也会因为技术依赖性，制约了环保技术应用扩散。外商直接投资（fdi）为环保技术扩散带来正向影响，这是因为外商直接投资带来的先进技术转移、人才引进以及高效管理模式的正效应，与"污染避难所"假说效应（当一个地区进行环境规制时，企业的治污成本会明显增加，此时污染企业会迁移到环境规制程度较低的地区以降低成本，该地区为污染企业提供了避难所）相抵且总效应为正。产业结构（ind）抑制了环保技术扩散。这是由于第二产业的发展更加依赖传统非环保技术，在环保技术扩散过程中由于非环保技术的抵抗，形成了新技术与原有技术竞争演化路径。

四、广义矩估计回归分析

针对固定效应模型中仍可能存在的由"个体与时间层面均有变化的遗漏变量"及反向因果导致的内生性问题，进而加入被解释变量的一阶滞后项，分别进行差分 GMM 估计和系统 GMM 估计。系统 GMM 在差分 GMM 之上添加了水平方程，与已有的差分方程构成一个系统，在保证工具变量与扰动项不相关的同时更具稳健性和参考性。表 6-7 为广义矩回归结果。

表 6-7 政府引导基金影响环保技术扩散的广义矩回归结果

变量	(1)		(2)		(3)	
	lntotal		lnpatent1		lnpatent2	
GMM 类型	AB-GMM	SYS-GMM	AB-GMM	SYS-GMM	AB-GMM	SYS-GMM
lag (lntotal, 1)	1.940***	0.683***				
	(0.409)	(0.091)				

续表

变量	(1)		(2)		(3)	
	lntotal		lnpatent1		lnpatent2	
GMM 类型	AB-GMM	SYS-GMM	AB-GMM	SYS-GMM	AB-GMM	SYS-GMM
lag (lnpatent1, 1)			0.855***	0.966***		
			(0.0418)	(0.070)		
lag (lnpatent2, 1)					0.263**	0.712***
					(0.101)	(0.110)
lngf	0.086***	0.0184**	0.036***	0.050***	0.055*	0.066*
	(0.039)	(0.019)	(0.010)	(0.014)	(0.027)	(0.028)
Controls	Yes	Yes	Yes	Yes	Yes	Yes
AR (1)	−2.892	−1.755	−2.919	−3.334	−2.42	−3.363
	(0.0038)	(0.079)	(0.004)	(0.001)	(0.015)	(0.001)
AR (2)	−0.354	−0.324	−0.164	3.186	−0.002	2.574
	(0.723)	(0.745)	(0.869)	(0.101)	(0.998)	(0.100)
Sargan test	28.061	28.995	28.005	27.192	27.684	27.030
	(0.407)	(0.920)	(0.962)	(0.971)	(0.481)	(0.516)
N	270	270	270	270	270	270

注：*、**、***分别表示10%、5%、1%的显著性水平。

从 AR（1）和 AR（2）检验结果可以看出，系统和差分广义矩估计的一阶差分均满足相关性，二阶差分均不相关。Sargan 检验结果均为在 10%的水平上不能拒绝原假设，说明了模型的残差项不存在自相关，工具变量没有被过度识别。被解释变量的滞后项可以作为工具变量，解决内生性问题。回归结果显示，在表6-7 中模型（1）、模型（2）中，政府引导基金（gf）的作用系数均在 1%的显著性水平上正相关，与基准回归结果相吻合。这说明在充分处理内生性问题的基础上，政府引导基金对环保技术扩散程度仍具有促进作用，且着重作用于实质性扩散路径，体现了政府引导基金的功能性政策优势。引导基金参与绿色产业技术发展的过程中，企业会根据政府和金融机构等投融资提供者的环保政策意向，结合潜在采纳者的消费理念，根据环保技术在社会相关行业的适用程度以及产生的经济环境效益，决定是否替代原有的非环保技术（曹霞和张路蓬，2015），推进环保技术研发创新与推广扩散以提高企业市场竞争力。

五、政府引导基金影响环保技术扩散的中介效应分析

从基准回归结果分析可知，政府引导基金能够促进环保技术的应用与扩散。政府引导基金具体通过哪些机制促进环保技术扩散值得我们深入研究。第一，融资成本机制。在绿色产业自有资金与高度市场化的创投资金不足以为企业提供资金支持的背景下，政府引导基金为节能环保、清洁能源等产业提供了一种政府与市场共同驱动的低成本绿色投融资方式，能够通过财政资金引导社会资本集聚，其可以从资金支持、社会网络、政策监督方面作用于企业融资成本机制以促进环保技术扩散。第二，研发投资机制。从产业特征来看，绿色产业是一类技术密集型产业，技术研发是环保技术创新扩散的基础，需要大量的技术研发支出，而环保技术推广扩散阶段也离不开资金投入的支持。政府引导基金可以从资源配置、技术筛选、风险分散方面作用于企业研发投资机制以促进环保技术扩散。基于理论机制分析，本章通过中介效应分析检验政府引导基金对环保技术扩散的融资成本机制与研发投资机制。

1. 融资成本机制检验

（1）模型构建。

为了进一步检验假设 H6-2：政府引导基金通过降低企业融资成本进而促进环保技术扩散。验证政府引导基金是否通过融资成本机制影响环保技术扩散水平，构建模型如式（6-2）~式（6-4）所示。

$$\ln Diffusion_{it} = \alpha_0 + c\ln gf_{it} + \alpha_2 \ln Controls_{it} + u_1 + \varepsilon_1 \tag{6-2}$$

$$\text{lnfd}_{it} = \beta_0 + \alpha \text{lngf}_{it} + \beta_2 X_{it} + u_2 + \varepsilon_2 \tag{6-3}$$

$$\text{lnDiffusion}_{it} = \gamma_0 + c\text{lngf}_{it} + b\text{lnfd}_{it} + \gamma_2 \text{lnControls}_{it} + u_3 + \varepsilon_4 \tag{6-4}$$

式中，选用 fd_{it} 作为中介变量，用各省市规模工业企业利息支出与总负债的比值表示。被解释变量 Diffusion_{it} 为环保技术扩散程度的相关指标，包括绿色专利授权总量（total）、绿色发明专利授权量（patent1）。核心解释变量 gf_{it} 为地区 i 在 t 年度投放政府引导基金投资金额。Controls_{it} 为控制变量。ε_1、ε_2、ε_3 为残差项。图 6-4 为融资成本机制的中介变量影响效应。a、b、c 和 c′为主要变量系数。c 是政府引导基金对环保技术扩散的总效应，ab 是经过中介变量 fd 的中介效应，c′是直接效应。效应关系为 c = ab+c′。

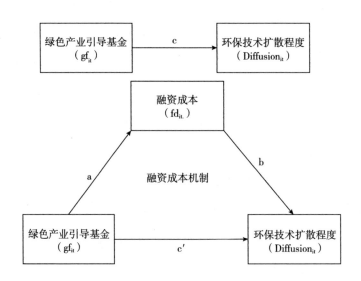

图 6-4　融资成本机制的中介变量影响效应

（2）融资成本机制回归分析。

采用极大似然法对式（6-2）~式（6-4）进行中介效应估计。ACME 代表经过中介变量 fd 的中介效应，ADE 是直接效应，Total Effect 是绿色产业引导基金对环保技术扩散的总效应，Prop. Mediated 为中介变量研发收入 rd 解释政府引导基金（gf）与环保技术扩散程度 Diffusion 间关联所占的百分比。表6-8为政府引导基金影响环保技术扩散的融资成本机制中介效应分析结果。

表6-8 融资成本机制中介效应分析结果

变量	（1）	（2）	（3）
	lnfd	lntotal	lnpatent1
lngf	−0.210***	0.111***	0.049***
	(0.018)	(0.018)	(0.018)
lnfd		−0.297***	−0.180***
		(0.051)	(0.051)
Controls	Yes	Yes	Yes
N	270	270	270
ACME		0.062***	0.038***
ADE		0.110***	0.049***
Total Effect		0.171***	0.086***
Prop. Mediated		0.356	0.419

注：*、**、***分别表示10%、5%、1%的显著性水平。

从结果可以看出，间接效应ACME、直接效应ADE、总效应Total Effect 均在1%水平下显著，这说明融资成本（fd）作为中介变量的中介效应成立。加入中介变量融资成本（fd）后，从模型（1）结果可以看出，政府引导基金（gf）对企业融资成本（fd）呈现1%水平下的显著负相关，说明政府引导基金的投入能够降低企业融资成本。在表6-8中模型（2）、模型（3）中政府引导基金（gf）对环保技术扩散作用系数为0.111和0.049，依然呈 1% 的显著正相关，与基准回归结果一致；企业融资成本（fd）对环保技术扩散程度的系数为 -0.297 和 -0.180，显现 1% 水平的显著负相关，这说明政府引导基金是通过降低企业融资成本间接促进环保技术扩散。从关联度 Prop. Mediated 来看，在总环保技术扩散路径的关联度为 35.6%，而在实质性环保技术扩散路径的关联度达到 41.9%，这说明融资成本机制在实质性环保技术扩散路径的参与度较强，政府引导基金采用以市场竞争和早期扶持为基础的功能性政策，在政府间接干预的同时保留了市场化参与，弥补了政府直接参与产业政策的劣势，能够筛选出更加具备技术创新与扩散应用能力的企业。

政府引导基金以财政政策为导向、市场化运作的方式开展绿色投资活动，具有引导社会资本集聚的功能，能够迅速有效地帮助绿色新兴产业解决融资难题，为企业提供了一种低成本融资渠道，帮助初创期、成长期企业顺利跨越融资的"死亡之谷"，以实现环保技术创新扩散的环境治理目标。

2. 研发投资机制检验

（1）模型构建。

为了进一步检验假设 H6-3：政府引导基金通过增加企业研发投入进而促进环保技术扩散。选用研发投入（rd_{it}）作为中介变量，用各省市规模工业企业技术研发投入表示。验证政府引导基金是否通过研究投资机制影响环保技术扩散水平，构建模型如式（6-5）~式（6-7）所示：

$$\ln\text{Diffusion}_{it} = \alpha_0 + c\ln gf_{it} + \alpha_3 \ln \text{Controls}_{it} + u_1 + \varepsilon_1 \tag{6-5}$$

$$\ln rd_{it} = \beta_0 + \alpha\ln gf_{it} + \beta_3 X_{it} + u_2 + \varepsilon_2 \tag{6-6}$$

$$\ln\text{Diffusion}_{it} = \gamma_0 + c\ln gf_{it} + b\ln rd_{it} + \gamma_3 \ln \text{Controls}_{it} + u_3 + \varepsilon_4 \tag{6-7}$$

式中，选用研发投入（rd_{it}）作为中介变量，用各省市规模工业企业技术研发费用支出表示。被解释变量 Diffusion_{it} 为环保技术扩散程度的相关指标，包括绿色专利授权总量（total）、绿色发明专利授权量（patent1）。核心解释变量 gf_{it} 表示地区 i 在 t 年度投放政府引导基金投资金额。$Controls_{it}$ 为控制变量。ε_1、ε_2、ε_3 为残差项。图 6-5 为研发投资机制的中介变量影响效应。a、b、c 和 c′为主要变量系数。c 是政府引导基金对环保技术扩散的总效应，ab 是经过中介变量 fd 的中介效应，c′是直接效应。效应关系为 c＝ab+c′。

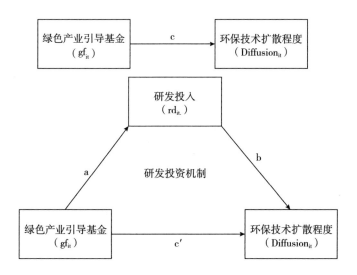

图 6-5　研发投资机制的中介变量影响效应

（2）研发投资机制回归分析。

采用极大似然法对模型式（6-5）~式（6-7）进行中介效应估计。ACME 代表经过中介变量 rd 的中介效应，ADE 是直接效应，Total Effect 是政府引导基金对环保技术扩散的总效应，Prop. Mediated 为中介变量研发收入（rd）解释政府引导基金（gf）与环保技术扩散程度间关联所占的百分比。表 6-9 为政府引导基金影响环保技术扩散的研发投资机制中介效应分析结果。

表6-9 研发投资机制中介效应估计结果

变量	(1)	(2)	(3)
	lnfd	lntotal	lnpatent1
lngf	0.037***	0.148***	0.088***
	(0.011)	(0.014)	(0.017)
lnrd		0.568***	0.510***
		(0.097)	(0.091)
Controls	Yes	Yes	Yes
N	270	270	270
ACME		0.022***	0.019***
ADE		0.169***	0.085***
Total Effect		0.147***	0.066***
Prop. Mediated		0.146	0.277

注：*、**、***分别表示10%、5%、1%的显著性水平。

从结果可以看出，间接效应（ACME）、直接效应（ADE）、总效应（Total Effect）均在1%水平下显著，这说明以研发投入（rd）为中介变量的中介效应成立。从表6-9模型（1）可以看出，政府引导基金（gf）与研发收入（rd）呈现1%显著性水平的正相关，意味着政府引导基金投入越多，企业能够运用到环保技术的研发投入越多。模型（2）、模型（3）可以看出，加入研发投入（rd）后，政府引导基金（gf）对环保技术扩散的系数为0.148和0.088，依然呈1%的显著正相关，与基准回归结果一致。研发收入（rd）对环保技术扩散程度系数为0.568和0.510，呈现1%的显著正相关。说明政府引导基金（gf）通过增加企业技术研发投入（rd）间接促进环保技术扩散。从Prop. Mediated来看，在总环保技术扩散路径的关联度为14.6%，实质性环保技术扩散路径的关联度达到27.7%。由此可以看出政府引导基金通过增加企业技术研发投资间接促进了地区实质性环保技术扩散。

·114·

作为一种集投资与管理于一体的创新型政策性金融工具，政府引导基金的逐步建立与参与产业绿色投资项目，能够发挥其特有的功能性政策金融优势，保留市场化运作的同时，通过财政资金引导社会资本集聚参与绿色投资项目运作为初创期、成长期企业提供了资金、政策引导等方面的支持，并推动产学研合作来增强产业的技术创新与转化能力，这在很大程度上提高了企业在绿色项目上的研发投入和环保技术成果的推广与引进支出，进而推动绿色产业结构升级与环保技术扩散，加速实现绿色低碳循环发展的经济社会性变革。

六、异质性检验

1. 区域异质性

我国环保技术扩散程度存在地理分布失衡的特征，区域经济板块的划分及比较有助于分析区域经济的特点及竞争优势。从表征经济发展程度和技术创新的各项指标来看，北京、上海、广州、深圳以及大部分沿海省市都超过中西部地区的内陆城市。基于此，将我国30个省份（由于数据缺失，不包括西藏、港澳台地区）分为四大经济区域板块，比较政府引导基金对环保技术扩散的促进作用是否存在显著差异。按照表6-10我国经济区域划分标准，将总样本数据分为东部、西部、东北和中部四个地区，进行回归分析。

表6-10　我国经济区域省份划分（不包含港澳台地区）

区域	省份
东部地区	京、津、冀、沪、苏、浙、闽、鲁、粤、琼
中部地区	晋、皖、赣、豫、鄂、湘
东北地区	辽、吉、黑
西部地区	蒙、桂、渝、川、贵、云、藏、陕、甘、青、宁、新

表6-11显示了我国东部、西部、东北和中部四个经济区域的估计结果。在东部的样本回归结果中,政府引导基金(gf)的作用系数均呈1%显著性水平的正相关,说明东部地区政府引导基金(gf)对环保技术扩散的助推效应显著。而西部、东北和中部经济区域样本的回归结果显示,政府引导基金(gf)的系数基本为正但不显著。政府引导基金在不同区域对环保技术扩散的作用存在差异,当前我国东部政府引导基金对环保技术扩散的促进作用更为显著,西部地区相对显著,而中部和东北地区较弱。

表6-11 政府引导基金影响环保技术扩散的区域异质性分析

地区	变量	lngf	Controls	Adj-R^2	F	N
东部	lntotal	0.136*** (0.036)	Yes	0.714	33.96	90
东部	lnpatent1	0.109** (0.035)	Yes	0.419	12.51	90
东部	lnpatent2	0.020 (0.030)	Yes	0.889	14.21	90
西部	lntotal	0.127* (0.046)	Yes	0.728	36.23	99
西部	lnpatent1	0.113* (0.054)	Yes	0.201	5.50	99
西部	lnpatent2	0.088** (0.032)	Yes	0.928	166.65	99
东北	lntotal	0.173 (0.113)	Yes	0.664	8.64	27
东北	lnpatent1	0.268 (0.133)	Yes	0.289	2.80	27
东北	lnpatent2	0.012 (0.086)	Yes	0.876	27.45	27

续表

地区	变量	lngf	Controls	Adj-R^2	F	N
中部	lntotal	0.068 (0.045)	Yes	0.799	31.85	54
	lnpatent1	0.039 (0.039)	Yes	0.637	14.99	54
	lnpatent2	0.069* (0.029)	Yes	0.923	93.28	54

注：*、**、***分别表示10%、5%、1%的显著性水平。

基于已有研究，对此结果的原因解释为：东部地区有着良好的经济基础，企业发展具有相对稳定的资金流，其行政与法律体系相对完善，教育、收入水平以及开放程度较高，高科技企业明显多于西部、中部和东北地区，使东部地区的技术创新扩散效率明显高于其他地区。而西部、中部和东北地区由于地理位置等基础条件的有限性，吸引新技术和资金投入的能力较弱，存在绿色金融体系机制的不成熟和政策的不完善问题，仅依靠企业自身投入并不能提高当地环保技术创新扩散效率，使当地的环保技术发展明显低于东部地区。因此，政府引导基金在设立时应因地制宜，创新环保政府引导基金模式，根据地方的实际环境保护治理需求，通过将财政资金和社会资本整合，建立共同基金的具体方式，支持地方的环境治理项目，提高环保技术利用率和回报率，加快我国绿色低碳的生态文明发展进程。

2. 企业集聚度异质性

企业集聚是地区产业经济实力的体现。随着企业规模的扩大，研发资金支持对企业创新的激励效果更强，这会使企业更容易受到金融投资者的青睐。已有文献认为企业集聚带来的专业化外部性与多样化外部性能共同激发产业创新与技术扩散（张莘，2018）。表6-12为2021年我国各地区人均规模以上工业企业数（个/万人）。

表6-12 2021年我国各地区人均规模以上工业企业数

单位：个/万人

地区	每万人规模以上工业企业数	排序	地区	每万人规模以上工业企业数	排序
浙江省	7.17	1	四川省	1.75	17
江苏省	5.44	2	宁夏回族自治区	1.67	18
福建省	4.44	3	北京市	1.43	19
广东省	4.44	4	山西省	1.37	20
上海市	3.54	5	新疆维吾尔自治区	1.24	21
天津市	3.48	6	吉林省	1.24	22
安徽省	2.92	7	广西壮族自治区	1.24	23
江西省	2.88	8	内蒙古自治区	1.23	24
山东省	2.68	9	贵州省	1.22	25
湖北省	2.62	10	黑龙江省	1.08	26
湖南省	2.49	11	青海省	0.99	27
重庆市	2.10	12	云南省	0.93	28
河南省	1.97	13	甘肃省	0.73	29
陕西省	1.78	14	海南省	0.41	30
辽宁省	1.78	15	西藏自治区	0.41	31
河北省	1.77	16			

按照人均规模以上工业企业数量划分，大于2的地区归类为大企业密集型地区（Large-firms），小于2的地区归类为大企业匮乏型地区（Small-firms）。表6-13为企业集聚度异质性检验。结果显示：模型（1）在企业集聚地区中政府引导基金（gf）的作用系数呈1%的显著正相关，在非企业集聚地区中政府引导基金（gf）的系数为正，但呈10%水平的显著。模型（2）、模型（3）在企业集聚地区政府引导基金（gf）的作

用系数呈5%显著性水平的正相关。由此可以认为，企业集聚度越高，政府引导基金对环保技术扩散的促进作用越强。

表6-13 政府引导基金影响环保技术扩散的企业集聚度异质性检验

变量	(1) lntotal		(2) lnpatent1		(3) lnpatent2	
	Large-firms	Small-firms	Large-firms	Small-firms	Large-firms	Small-firms
lngf	0.125***	0.087*	0.091**	0.076*	0.066**	−0.032
	(0.028)	(0.029)	(0.027)	(0.028)	(0.020)	(0.023)
lnpop	0.319	1.009**	−0.779	0.3110.370	1.469***	1.850***
	(0.538)	(0.373)	(0.535)	(0.393)	(0.299)	
lngdp	3.338*	0.134	3.139	0.081	2.793*	2.729*
	(1.631)	(1.325)	(1.627)	(1.314)	(1.196)	(1.062)
lnexd	0.095	−0.231**	−0.079	−0.452***	0.400***	0.183**
	(0.139)	(0.084)	(0.138)	(0.083)	(0.101)	(0.067)
lncon	0.459	0.665**	0.790**	0.715**	−0.006	0.546**
	(0.258)	(0.217)	(0.256)	(0.216)	(0.188)	(0.174)
lnurb	−0.490	1.541	−0.926	0.958	0.399	3.677***
	(1.032)	(0.925)	(1.026)	(0.918)	(0.754)	(0.742)
lnmrk	1.331	−0.001	1.710*	0.244	1.680**	0.128
	(0.746)	(0.425)	(0.741)	(0.422)	(0.545)	(0.340)
lnfdi	0.170*	0.011	0.206**	0.025	0.035	−0.065
	(0.070)	(0.048)	(0.070)	(0.048)	(0.051)	(0.039)
lnind	0.350	−0.472*	1.061	−0.675**	−0.570	−0.477**
	(0.593)	(0.206)	(0.070)	(0.205)	(0.433)	(0.165)
Adj-R^2	0.768	0.681	0.479	0.346	0.913	0.893
N	162	162	162	162	162	162

注：*、**、***分别表示10%、5%、1%的显著性水平。

根据已有研究可知，产业绿色供应链是环保技术创新与扩散过程的载体，而环保技术创新与扩散又是绿色供应链形成的最终目标与动力。从环保技术扩散与绿色供应链、产业生态耦合形成的相关效应来看，在某一产业集聚地区，当生产供应链上的企业都具有严格的环保技术需求时，其中间技术产品会衍生出一种横向竞争关系，环保技术与非环保技术的适用性竞争过程会伴随环保技术的创新与扩散。企业集聚会加强企业间的研发投入竞争、技术收益竞争和创新追赶力度，政府为引导的政府引导基金更好地发挥技术筛选与集聚作用。在政府和金融机构政策支持下，环保技术作为"适者"替代非环保技术，促进技术成果的中试与产业化，实现环保技术实际推广扩散的绿色发展目标。

七、稳健性检验

为了检验前文基准回归以及中介效应分析结果的稳健性，改变被解释变量环保技术扩散指标[①]重新进行基准回归以及机制稳健性检验。借鉴许和连（2012）的思路，用环境污染综合指数 P_{it} 表示 i 省市在第 t 年环保技术扩散水平。环境污染综合指数 P 越小，所代表的环保技术扩散程度越大。环境污染综合指数（P）是选取工业烟尘、工业废水、工业氮氧化物、工业二氧化硫、工业固体废物五类主要环境污染物排放量，根据熵权法得出五项环境污染度量指标的权重计算得出。表 6-14 为根据熵权法得出五类环境污染指标权重 W。按模型（4-8）计算各项环境污染度量指标加权排放量得到相应的环境污染指数（P）。W_m 表示第 m 种环境污染度量指标根据熵权法得出的权重，Q_{it} 表示五种环境污染度量指标第 i 个地区第 t 年的排放量，P_{it} 表示第 i 个地区第 t 年的环境污染综合指数。

---

① 资料来源：国家统计局。

表6-14　熵权法权重

污染物 指标	工业烟尘 排放量	工业废水 排放量	工业氮氧化物 排放量	工业二氧化硫 排放量	工业固体废物 排放量
W	0.1871	0.2313	0.1716	0.1866	0.2234

资料来源：国家统计局。

$$P_{it} = \sum_{m=1}^{5} W_m Q_{it} \tag{6-8}$$

表6-15为基准回归稳健性检验结果。模型（1）、模型（2）表明，将环保技术扩散衡量指标更换为环境污染综合指数（P），政府引导基金（gf）的作用系数均为1%显著性水平的负相关。环境污染综合指数越低表明环保技术扩散程度越高，由此可以得出，政府引导基金的参与降低了环境污染综合指数，显著促进了地区环保技术扩散水平。通过AR（1）和AR（2）结果显示，一阶差分满足相关性，二阶差分不相关，Sargan检验结果均为在10%的水平上不能拒绝原假设，验证了上文基准回归估计结果的稳健性。

表6-15　政府引导基金影响环保技术扩散的基准回归稳健性检验

变量	lnP	
	（1）	（2）
	FE	SYS-GMM
lag（lnP, 1）		0.916*** (0.025)
lngf	-0.184*** (0.017)	-0.041*** (0.008)
lngdp	-0.248*** (0.041)	-0.028 (0.089)
lnpop	0.201 (0.154)	-0.053* (0.024)

续表

变量	lnP	
	(1)	(2)
	FE	SYS-GMM
lnexd	0.024	0.0001
	(0.048)	(0.026)
lncon	0.115	0.100
	(0.203)	(0.096)
lnurb	-0.897***	0.110
	(0.210)	(0.112)
lnmrk	-0.085	-0.009
	(0.181)	(0.116)
lnfdi	0.057	0.007
	(0.034)	(0.020)
lnind	0.708***	0.135
	(0.139)	(0.082)
Adj-R^2	0.771	
F	72.42	
AR（1）		-4.128
		(0.00)
AR（2）		-0.073
		(0.942)
Sargan test		28.065
		(0.977)

注：*、**、***分别表示10%、5%、1%的显著性水平。

表6-16为政府引导基金对环保技术扩散影响机制的中介效应稳健性检验。其中模型（3）、模型（4）为融资成本机制的检验结果，模型（5）、模型（6）为研发投资机制的检验结果。可以看出，间接效应ACME、直接效应ADE、总效应Total Effect均在1%水平下显著，与上文回归结果一致，融资成

本机制及研发投资机制稳健性检验成立，政府引导基金具体通过降低企业融资成本与增加技术研发投资促进企业环保技术推广扩散。

表6-16　政府引导基金对环保技术扩散融资成本机制与研发投资机制稳健性检验

模型	（3）	（4）	（5）	（6）
	lnfd	lnP	lnrd	lnP
lngf	-0.125***	-0.167***	0.077***	-0.158***
	(0.014)	(0.020)	(0.011)	(0.018)
lnfd		0.267***		
		(0.075)		
lnrd				-0.541***
				(0.096)
Controls	Yes	Yes	Yes	Yes
N	270	270	270	270
ACME		-0.033***		-0.041***
ADE		-0.167***		-0.161***
Total Effect		-0.201***		-0.202***
Prop. Mediated		0.168		0.205

注：*、**、***分别表示10%、5%、1%的显著性水平。

第七章

绿色信贷、产业结构优化与环保技术扩散

第一节 行业背景与研究意义

一、研究背景

绿色技术创新属于成本高、周期长、收益慢的项目，企业作为理性人，为实现利润最大化，因而降低其创新投入，导致技术研发受阻；环保技术扩散的过程也耗费资金，且无法保证最终结果，故传统的资金投入无法满足技术扩散的资金需求。因此，产业部门仅凭自身能力难以实现创新发展，而必须借助外界资源进行技术变革。绿色信贷通过资源配置，吸引资本流入技术含量相对较高的企业，帮助其实现技术升级；同时，技术扩散在产业结构发展中占据重要地位，从而达到产业结构升级。当前中国技术扩散发展水平相对较低，具体分为两个方面：一方面，针对中小企业来说，技术发展须大量投入，而中小企业融资本身存在困难，这样就更谈不上创新开发、技术引进；另一方面，我国虽然历年科技成果较多，但其转化效率低下。《2019 年全国技术市场统计年报分析》表明，在中国技术市场发展过程中，技术开发和技术服务的占比为 87.71%，而技术转让的占比仅为 9.10%。2018 年的技术转让合同成交额，占比由上年的 10.43% 减少至 9.10%，因此我国的技术发展与产业升级脱钩。在此基础上，各区域经济发展不平衡、自然资源差异显著，环保技术扩散与产业结构优化之间的作用效果尚待研究，各区域绿色信贷是否真正实现助推环保技术扩散，也需实证检验。根据上述背景，有必要对各区域绿色信贷、产业结构优化和环保技术扩散之间的关联作用展开研究，对于应用绿色信贷提升区域环保与经济发展的综合协调效率，推动社会经济绿色发展和产业优化都有重要的指导意义。

二、研究意义

1. 理论意义

通过理论探究各区域绿色信贷、产业结构优化与环保技术扩散之间的作用关系，可以丰富金融市场、绿色技术市场以及产业领域的研究范畴。已有文献，存在两大不足之处：一是定性研究居多，缺乏数据实证分析的定量检验；二是基于总体研究，从全国范围考察三者的作用关系，忽视地区差异性，难以依据区域实际发展情况提出针对性建议。因而，基于上述两大问题，本书通过建立创新性的 PVAR 实证模型，对中国各省市按照经济发展分为东、中、西三个区域，对绿色信贷、产业结构优化与环保技术扩散之间的互动关系进行定量分析，从而实现以统筹规划为主，因地制宜为辅，提出符合区域实际发展的政策建议。

2. 现实意义

在产业结构优化过程中既要资金支持，也要技术发展。在重视生态环保及可持续发展的背景下，兼顾地区差异，研究区域绿色信贷、环保技术扩散以及产业结构优化之间的作用关系，对于加快绿色低碳产业、创新型产业的建设，进而推动经济高质量发展具有重要的现实意义，具体反映在以下几个方面：

第一，在未来发展中以绿色产业为基石的可持续经济体系将是我国经济高质量成长的核心推动力，而绿色金融体系的完善发展也将是推动构建绿色经济和资源友好型社会的基石。绿色信贷这一金融工具将引导社会资源实现高效合理配置，使大量市场资金进入绿色行业，同时将环保理念渗透在金融工具的设计、运营等各环节。

第二，在迈向社会主义现代化国家的进程中，推动新旧动能转换、经济发展全面绿色低碳是实施创新驱动发展战略的重要任务。因此，完善我国绿色技术创新扩散体系，更有利于加快建设创新型国家。了解各地区环保技术扩散与产业结构优化间的相互影响效果，有助于人们进一步认识绿色技术扩散体系；要因地制宜，针对地区经济发展、绿色信贷规模及产业结构状况等实际因素，采取相应政策措施鼓励企业积极应用绿色技术，提高行业总体水平，对构建创新型国家有着重要意义。

第三，产业结构优化是各国经济发展的必经之路，不少发达国家通过产业升级实现了经济飞跃式发展，因此产业结构优化具有强大的推动力。针对我国经济现状，产业结构调整有利于推动经济增长模式由"传统粗放、消耗型，以数量为主"转变为"创新驱动、绿色型，以质量为主"，实现绿色化产业。

第二节 实证分析思路与研究假设

绿色技术创新扩散是推动科技与经济发展相融合的重要手段，也是产业升级的方式之一。产业结构的优化是一个动态演变过程，是一个国家或地区产业在多因素作用下实现高度化发展的历程。然而，影响产业结构调整的因素包括各个方面，根据学者刘鹤（2013）关于技术扩散与产业结构优化之间影响机理的研究，提出了技术扩散对产业结构优化的影响因子，主要可归纳为技术创新、社会需求结构与规模以及国内外环境变化三类。

一、技术创新

首先，产业结构调整的动力源是技术创新。一方面，在创新产生新需求之际，通常引起更多的生产要素流入创新产业，为该部门后续发展做准备。另一方面，当创新只提升了产出效益，却不能创造出新需求时，生产要素必向该部门外流，进而加快了该产业的衰落甚至淘汰，也可以带动整个产业结构优化提升。因此，技术创新可以引导各个行业间的生产要素相互转移，从而实现各行业规模的缩小和扩展，从根本上提升了产业结构的转换能力，推动产业结构调整。此外，当不同地区产业之间存在技术差距时，落后的技术将成为地区产业发展的枷锁。

其次，技术创新将深层次影响传统及高新技术产业的发展。对于传统产业而言，技术创新可从以下三个环节进行升级：第一，技术创新更新或替换原有机器设备，提高生产率、降低生产成本、增加企业利润及扩大企业规模；第二，技术创新促使生产工艺趋向完美化和精细化，为市场提供优质产品，这些产品将抑制同类产品的进口，同时也增加了产品出口，实现产业贸易顺差；第三，技术创新为新技术开疆拓土，替代了不被社会需求的产业，而这些产业终将走向消亡，这一过程诠释了"适者生存，不适者被淘汰"的自我"进化"。对高新技术产业而言，技术创新对其影响主要包括：第一，技术创新贯穿于高新技术产业的日常经营中，加大该产业的人力资本和研发资金投入，实现规模经济，减少进口扩大出口，增加国内外市场份额；第二，该产业链较长，同时隶属前端产业，如果发展到位将影响高技术产业和其他产业的进步融合，推动整个产业市场得到迅速发展。

二、社会需求结构与规模

社会需求结构与规模的变化是产业结构调整的动力之一。任何社会生产活动的终极目的都在于满足市场需求，当某个国家或区域内的社会总需求结构和规模出现变化时，社会生产活动为了迎合社会需要应当适时调整产出比例，实现产业结构的优化。社会总需求可分为消费需求、投资需求和外贸出口需求，也被称为拉动国民经济的"三驾马车"。从宏观视角分析，技术扩散通过影响这"三驾马车"继而影响社会需求结构。

1. 技术扩散影响消费结构

技术的创新扩散将带来大量新产品，这些产品主要契合人们多元化和高级化的需要。首先，由于人们收入水平的递增，人们对新商品的追求，引起社会消费总量的增加。对需求弹性较低的生活必需品，其消费占总体消费比重将越来越低，而需求弹性较高的商品所占比例将逐步增加，这也将带来整体消费结构的调整。其次，根据技术创新将带来质量可靠且价格实惠的产品这一现象，假定全社会的收入保持不变，则新产品的低廉价格会刺激消费的种类及数量，同时还会减少同类替代商品的消费，进而促进消费结构变动。

2. 技术扩散影响投资结构

投资结构从企业和厂商的视角出发，对产商而言，技术创新意味着产品创新、工艺或生产过程进步，一方面，产品的创新会带来新商品，当新商品流入市场，消费者易产生猎奇心理，这将增加新产品的销量，同时技术创新带来的新产品具有短期的不可替代性，因此企业将获得超额利润。对企业自身而言，超额利润能为其扩大规模提供经济基础；对整个行业来说，技术创新后被不断扩散，吸引更多境内境外的行业投资者投资该项产品，一时间该产品生产厂家的数量和规模激增，随之将重新改变该产品的投资规模。所以，技术扩散会导致企业的经营规模不断变化，影响其投资结构。另一方面，工艺或生产过程的创新能够改善产业传统的生产工序，提高劳动生产效率，减少产品的生产成本，促进厂商获取超额利润，实现规模经济，完善原有投资结构。

3. 技术扩散影响出口结构

新产品优势，即产品的质量、价格等基本要素均符合消费者的要求，且具有短期不可超越性。通常，一国或地区产品的创新程度越高，在国际上就越有优势，尤其是高端技术性行业，一旦研发创新具有突破性的进展，那么该国家或地区的这类产品将在国际上具有绝对领先的优势地位，增加产品出口，改变原来出口结构。价格优势体现在相对价格上，是反映一国出口产品的价格相对于其他国家的同类商品而言更具有比较优势。同样技术创新也使工人的劳动生产率得到提升，大大缩减生产成本，扩大产业规模，从而降低了产品价格，在各国产品创新水平相同的情况下，价格越低者越具有优势，因此促进产品的对外出口额，改变原有出口结构。

三、国内外环境变化

一国或地区的产业结构形成和发展，不仅要依靠自身推动，还要与其他国家或地区进行信息、技术和资源等多方面的交流与合作；也可以向外界提供适当的资源环境，为其他国家或地区的发展提供便利。因此，随着对外开放程度不断提升，一国产业结构的优化调整更容易受到国内外政治和经济环境的影响。各国的经济开放程度也愈加依赖科技的先进性，技术扩散能够显著提升一国的竞争实力，进而改善它在国际贸易中的分工地位，最终实现产业结构优化。

综上所述，产业结构是一个复杂的系统，而技术创新扩散为影响因素之一。首先，技术创新带来新需求，技术扩散将影响社会中的消费结构、投资结构以及贸易出口结构；其次，技术创新提高社会生产效率，降低生产成本，甚至获得超额利润，为实现规模经济奠定基础；再次，技术扩散使整个行业部门加大创新投入和生产，产品价格下降，产生价格优势；最后，国家的产业开放度依赖于科技领先，技术扩散通过提升一国竞争力来影响国际分工地位，实现产业结构优化。

第三节　变量选择与说明

一、模型的选择与构建

本章通过构建以绿色信贷、产业结构优化与环保技术扩散为变量的实证模型，利用 30 个省份（西藏及港澳台地区除外）285 个市 2008～2018 年的变量数据，形成以东部、西部和中部三个区域为经济划分的 11×3 面板数据，并运用 PVAR 模型的广义矩估计、脉冲响应以及方差分解的方法考察三者之间的作用关系，并对比不同区域间的差异。

1. PVAR 模型的介绍

PVAR 模型最早是由 Holtz-Eakin 等提出，其原生模型是 VAR 模型，用于分析面板数据各变量间的交叉互动影响。同时，该模型还在一定程度上克服了 VAR 模型存在的缺陷。相较其他数据模型，面板数据包含了更多时间维度和个体信息，从而有效分析了所研究问题的互动关系以及准确捕捉数据在动态调整过程中的个体差异。PVAR 模型对数据的时间长度要求较低，只需满足 T≥P+3（T 为时间长度，P 为滞后阶数）便可进行模型估计。另外，

PVAR 将所有变量视为内生变量，其滞后项作为自变量，以便于获取数据的更多特征。

针对本书所要探究的问题，各地区关于绿色信贷政策、环保技术扩散与产业结构优化问题上都具有一定差异性，以往研究者的研究分析多聚焦于全国总体情况而忽视区域间的个体效应，为此则使用面板数据进行实证研究，以寻找个体间的异同。由于研究的绿色信贷、环保技术扩散与产业结构升级自身均对其滞后期产生影响，所以适用于向量自回归模型。综上，本书采用 PVAR 研究绿色信贷、环保技术扩散水平与区域产业结构优化之间的作用关系，并运用 STATA16.0 软件（连玉君，2009）的 pvar2 程序代码进行分析。

2. PVAR 模型的构建

本书研究的是绿色信贷、产业结构优化与环保技术扩散之间的作用关系，面板向量自回归模型如式（7-1）所示：

$$Y_{i,t}=\alpha_i+\beta_t+\phi_1 Y_{i,t-1}+\phi_2 Y_{i,t-2}+\cdots+\phi_p Y_{i,t-p}+\varepsilon_{i,t} \tag{7-1}$$

其中，$Y_{i,t}$ 表示包含三个变量的一个列向量，即 $[\,GCL,\ TET,\ IS\,]'$，GCL 表示绿色信贷，TET 表示技术扩散水平，IS 表示产业结构优化；i 和 t 分别表示地区和时间；p 表示滞后阶数；ϕ_p 表示估计的参数矩阵；$\varepsilon_{i,t}$ 表示随机扰动项。

本书将通过广义矩估计法（Generalized Method of Moments，GMM）对以上模型进行估计检验，在估计时，采用前向均值差分消除个体效应，截面均值差分消除时间效应；再利用脉冲响应函数分析各单位标准差冲击下，内生变量的表现；最后进行方差分解，以确定不同变量的冲击贡献，对不同区域的各因素影响程度实行了分析比对。PVAR 操作流程如图 7-1 所示。

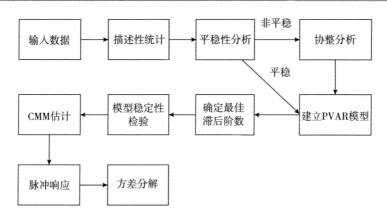

图 7-1 PVAR 操作流程

二、变量选取与数据来源

1. 变量选取

（1）绿色信贷。

我国学者对绿色信贷的衡量指标有着各自的看法，其中绝大部分采用学者徐胜关于节能环保项目贷款额占总贷款额的比重作为绿色信贷的表征量（徐胜等，2018），但该指标的统计范围是全国层面，因而不适用区域性研究。

鉴于数据的可得性及连续性，本书选用了李晓西、夏光等编著的《中国绿色金融报告 2014》中的方法，采用我国六大高能耗产业利息支出占工业企业总利息支出比值，作为绿色信贷的反向衡量指标（李晓西和夏光，2014）。

（2）环保技术扩散水平。

目前已有文献对绿色技术扩散的度量指标不够全面，大部分学者采用发明专利数度量环保技术扩散水平。同时技术扩散与技术进步息息相关，难以从数据层面上对这两个概念进行有效区分。加之缺少相关数据，因而对环保技术扩散影响的讨论大多停留在理论层面。陈媛媛（2011）和刘俊现（2019）的处理方法给我们提供了很好的借鉴，即使用单位工业增加值的产污量及排污率的倒数分别表示两种技术扩散水平。为了综合衡量绿色技术扩散水平，本书选用每单位工业增加值所排放的污染量，即排污率的倒数作为环保技术扩散水平的表征指标。同时，为全面反映多类污染物治理技术的扩散程度，还选取了工业二氧化硫、粉尘、废水和一般工业固体废弃物四种污染物进行综合度量。

具体处理方式如下：

选取上述四种污染物单位工业增加值的污染排放量的倒数，采用正向标准化处理并运用变异系数法进行加权综合得到环保技术扩散指数。

正向指标标准化公式如式（7-2）所示：

$$\frac{(X_i - MIN_i)}{(MAX_i - MIN_i)} \quad i = 1, 2, 3\cdots \tag{7-2}$$

其中，X_i 对应各市历年四种环保技术扩散程度；MAX_i 对应各市历年四种环保技术扩散程度的最大值；MIN_i 对应各市历年四种环保技术扩散程度的最小值。

根据变异系数法得到独立权重 W_i。变异系数法是直接利用各项污染物总排污率的标准差和均值之比得出变异系数，从而更能够客观反映污染物指标之间的相互差异，赋予其客观权重。反映出各指标的权重计算如式（7-3）~式（7-4）所示：

$$V_i = \frac{\sigma_i}{X_i} \quad i = 1, 2, 3\cdots \tag{7-3}$$

$$W_i = \frac{V_i}{\sum_{i=1}^{n} V_i} \quad i = 1, 2, 3\cdots \tag{7-4}$$

其中，σi 对应各市历年四种污染物总排污率的标准差；$\overline{Xi}$ 对应各市历年四种污染物总排污率的均值；Vi 对应各市历年四种污染物总排污率的变异系数；Wi 对应各市环保技术扩散程度的权重。

因此，最终环保技术扩散（TET）的计算公式如式（7-5）所示：

$$TET = \sum_{i=1}^{4} Wi \frac{(Xi - MINi)}{(MAXi - MINi)} \qquad (7-5)$$

通过收集和计算处理得出各省份历年 TET 数据，并汇总至全国各地区数据如表 7-1 所示。

表 7-1　2008~2018 年我国各地区 TET 数据

年份	东部地区	中部地区	西部地区
2008	13.31	9.17	11.77
2009	15.94	11.34	15.78
2010	23.91	25.45	18.24
2011	17.18	18.16	16.23
2012	24.04	23.69	21.15
2013	26.02	26.08	26.92
2014	25.90	23.05	24.37
2015	26.35	22.83	24.80
2016	38.36	42.77	37.82
2017	26.90	25.57	21.21
2018	66.62	71.86	52.98

资料来源：四种污染物数据来自各市生态环境局及其统计年鉴。

（3）产业结构优化。

产业结构优化从层次上可以分为：合理化和高级化；从其构成比例来看，其高度化反映在产业优势逐步向第三产业靠拢，产业倾向于高附加值化、高技术化。依照本书研究的是绿色信贷、环保技术扩散与产业结构之间的关系，因此产业结构倾向于生态化。因此对于产业结构优化的衡量指标，借鉴张云辉等所使用的第三产业增加值占 GDP 的比重表示（张云辉和赵佳慧，2019）。则按照全国各省份统计年鉴发表的统计资料，汇总了各地区第三产业占比如表 7-2 所示。

表7-2　2008~2018 年我国各区域第三产业增加值占比　　　　单位:%

年份	东部地区	中部地区	西部地区
2008	43.46	36.78	39.66
2009	45.01	38.20	41.11
2010	45.25	37.31	40.12
2011	45.88	37.00	40.22
2012	47.17	38.08	41.21
2013	48.59	39.74	42.74
2014	49.58	41.33	43.87
2015	51.45	44.13	46.70
2016	53.49	46.20	48.50
2017	54.58	47.79	49.79
2018	55.41	49.92	50.98

资料来源：各市历年统计年鉴。

2. 数据来源及变量汇总

本书最终使用数据为 2008~2018 年我国 30 个省份 285 个地市级面板数据进行分析。因样本数据获取困难，则并未收录西藏及港澳台地区，以及统计资料中遗漏严重的个别地级市。所用统计资料主要来源于历年《中国统计年鉴》《中国环境统计年鉴》、各市统计年鉴及生态环境局。

根据上述分析，对模型中提及变量汇总如表7-3所示。

表7-3 变量汇总说明

变量名称	变量符号	变量定义
绿色信贷	GCL	各市历年六大高能耗产业利息支出占规模以上工业企业利息支出比重
环保技术扩散水平	TET	各市历年四种污染物单位工业增加值所排放污染量的倒数加权所得
产业结构优化	IS	各市历年第三产业增加值占其 GDP 的比重

由于本书的研究范围为区域性，所以将根据经济地域的分类方式分为东部、中部和西部三大地区，各区域具体包含省份如表7-4所示。

表7-4 本书研究各区域划分

区域	包含省份	地级市个数
东部	北京、天津、河北、辽宁、上海、江苏、浙江、福建、山东、广东、海南	101
中部	山西、吉林、黑龙江、安徽、江西、河南、湖北、湖南	100
西部	内蒙古、广西、重庆、四川、贵州、云南、陕西、甘肃、青海、宁夏、新疆	84

第四节 实证结果分析

一、描述性统计

本书共整理了我国 30 个省份（除西藏及港澳台地区）285 个地级市在

2008~2018 年的相关面板数据。其中对各市环保技术扩散数据采用正指标极差变化加权以消除量纲，绿色信贷和产业结构优化数据本身即可准确反映其动态变化趋势，因此仍使用原数据。各区域描述性统计具体如表 7-5 所示。

表 7-5　各区域描述性统计

区域	变量	均值	标准差	最小值	最大值
东部	GCL	0.4292	0.1583	0.0819	0.9988
	TET	0.2660	0.2172	0.0000	1.0000
	IS	0.4307	0.0951	0.2005	0.8270
中部	GCL	0.5708	0.2264	0.0536	0.9983
	TET	0.2727	0.2267	0.0000	1.0000
	IS	0.3675	0.0818	0.1180	0.7213
西部	GCL	0.6362	0.1798	0.0460	0.9922
	TET	0.2936	0.2237	0.0000	1.0000
	IS	0.3684	0.1009	0.0858	0.7022

从表 7-5 可以看出，由于绿色信贷的衡量指标是六大高能耗产业利息占比，因此数值越大则代表绿色信贷水平越低。三个区域中，东部地区绿色信贷水平发展较高，均值为 0.4292，而西部地区绿色信贷均值为 0.6362，发展水平相对较低，东西部绿色信贷规模差异明显。相反，在环保技术扩散方面，由高到低的区域分别是西部、中部和东部，西部的环保技术扩散程度最大。说明绿色政策督促企业进行适度转型，加大研发投入、引进节能环保技术，根据西部地区环境恶劣，且高能耗产业集聚的特点，该区域的绿色技术创新投入力度较大。在产业结构上，中部、西部地区的结构水平相似，东部地区产业结构调整较完善，且各地区产业发展差距较大。

二、单位根检验

在建立 PVAR 模型前，首先需要对数据进行平稳性检验，否则非平稳数据会产生虚假回归结果。本书利用 STATA16.0，选择的检验方法包括 LLC，PP-Fisher 检验。两种检验方法的原假设均存在单位根，若检验结果否定原假设则可认为数据是平稳的；反之则不平稳。检验结果如表 7-6 所示，各个地区数据均平稳，因此可以进行后续分析。

表 7-6　面板数据单位根检验结果

变量	地区	LLC 检验	PP 检验	结论
TET	东部	-11.5606^{***}	30.5115^{***}	平稳
	中部	-21.8226^{***}	22.8229^{***}	平稳
	西部	-6.0584^{***}	32.5991^{***}	平稳
GCL	东部	-12.0165^{***}	59.1376^{***}	平稳
	中部	-19.5775^{***}	69.9501^{***}	平稳
	西部	-17.5040^{***}	45.4571^{***}	平稳
IS	东部	-8.7783^{***}	19.6930^{***}	平稳
	中部	-6.3207^{***}	52.3641^{***}	平稳
	西部	-2.2480^{**}	32.0655^{***}	平稳

注：*、**、***分别表示在 10%、5%、1%的水平上显著。

三、确定最佳滞后项

在对模型估计前，需要确定最优滞后阶数。最佳滞后阶数关乎模型的准确性。其判断准则主要包括 AIC、BIC 和 HQIC 三种信息准则，利用上述信息准则进行选取。各地区的滞后阶数检测结果如表 7-7 所示，东部、中部和西部地区分别选取的滞后阶数是 1 阶、3 阶和 2 阶。

表 7-7　各区域最优滞后阶数选择

地区	滞后阶数	AIC	BIC	HQIC
东部	1	-7.32557*	-5.71096*	-6.70534*
中部	3	-6.74684*	-4.62083	-5.92501*
西部	2	-6.92234*	-5.11018	-6.22052*

注：＊表示在10%的水平上显著。

四、稳定性检验

在上述阶段完成后，还需要对模型进行稳定性测试，以确认该模型的有效性和可行性，为后续分析做准备。对总体数据的测试结果如图 7-2 所示，由图 7-2 可知，所有特征根都在单位圆之内，从而基本确定该模型是稳定的。

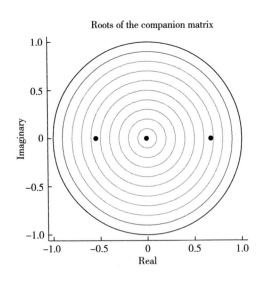

图 7-2　模型稳定性检验

五、GMM 估计

在完成一系列准备工作后，可以对模型进行 GMM 估计分析。各地区估计结果具体如下：

1. 东部地区

由表 7-8 可知，在东部地区，当产业结构优化作为因变量时，绿色信贷估计系数在 1% 的水平下显著为负，说明前一期绿色信贷对本期的产业结构优化起到推动作用；前一期的绿色技术扩散水平估计结果尚未表明显著性，说明在短时期内，技术扩散对产业结构调整的助推效用不明显，存在一定的时滞效应。因此在东部地区，绿色信贷对产业结构调整的直接优化作用高于间接通过环保技术扩散对产业结构产生的效果。此结果符合实际情况，自 2007 年绿色信贷政策实施后，获得贷款资格的"双高"企业数量有所下降，而绿色环保企业数量与日俱增，东部地区绿色信贷水平发展较高，产业结构优化效果显著，说明绿色信贷对该地区产业结构调整能够较好地发挥实际推动力。绿色技术扩散是阶段性过程，因此短时间内可能无法显现其真正作用。

表 7-8 东部地区 GMM 估计结果

	GCL		TET		IS	
	b-GMM	se-GMM	b-GMM	se-GMM	b-GMM	se-GMM
GCL（1）	0.4931***	0.1313	−1.7595***	0.4929	−0.1463***	0.0485
TET（1）	−0.0452***	0.0137	0.4330***	0.0556	0.0034	0.0065
IS（1）	0.0275	0.1163	2.9372***	0.4449	0.7309***	0.0471

注：b-GMM 是估计系数，se-GMM 是对应标准差，*** 表示 1% 的显著性水平。

当绿色信贷作为因变量时，结果显示环保技术扩散和产业结构优化的一阶滞后项系数分别是-0.0452和0.0275，表明二者对绿色信贷的影响为正。但仅有环保技术扩散的一阶滞后项通过了1%的显著性检验，而上一期的产业结构优化对绿色信贷的影响效果不佳。产生这一原因可能是，东部地区科技实力较强，同时该地区绿色信贷发展和产业结构已处于相对稳定的状态，短期内产业结构的优化调整无法倒逼绿色信贷的进一步发展。

当环保技术扩散作为因变量时，绿色信贷和产业结构优化的一阶滞后项均在1%的水平下表现显著，系数分别为0.4330和2.9372，说明绿色信贷和产业结构优化都能推动环保技术扩散，且产业结构优化的助推效果高于绿色信贷。

根据上述估计结果可知，在东部地区，绿色信贷与产业结构优化存在明显的正向关系。同时，绿色信贷促进环保技术扩散，而短时间内，技术扩散对产业结构优化的影响尚不显著，因此绿色信贷对产业结构的直接正向效应大于间接通过技术扩散对产业结构的优化作用，但产业结构的调整能够很大程度反向帮助企业实现绿色技术的创新扩散。

2. 中部地区

由表7-9可知，在中部地区，当产业结构优化作为因变量时，绿色信贷和环保技术扩散滞后一期的系数估计分别为-0.0048与-0.0169，而滞后两期的绿色信贷和环保技术扩散的系数结果为-0.0122和0.0478，其中仅有滞后两期环保技术扩散在1%的水平下显著，因此三者之间可能存在非线性关联。滞后三期的绿色信贷均对产业结构调整的影响不显著；环保技术扩散先表现出滞后二期、三期的促进作用，后表现出在滞后一期时为抑制效果。从长期来看，环保技术扩散对产业升级的作用效果较明显。这说明中部地区政府对绿色信贷政策不够重视，绿色信贷规模有限，资金很难实现有效配置；而技术扩散作为产业结构优化的动力之一，短期内企业投入成本高、产值收益低，产业结构调整受阻，但长期来看，必然加速产业结构升级。

表 7-9 中部地区 GMM 估计结果

	GCL		TET		IS	
	b-GMM	se-GMM	b-GMM	se-GMM	b-GMM	se-GMM
GCL（1）	0.5492***	0.0602	−0.0849	0.1274	−0.0048	0.0209
GCL（2）	0.1094**	0.0474	−0.0727	0.0879	−0.0122	0.0144
GCL（3）	0.0891***	0.0324	−0.2026***	0.0628	−0.0072	0.0100
TET（1）	0.0219	0.0182	0.2025***	0.0408	−0.0169**	0.0078
TET（2）	0.0023	0.0154	0.3784***	0.0395	0.0478***	0.0062
TET（3）	−0.0495***	0.0161	0.0758*	0.0388	0.0126**	0.0058
IS（1）	−0.2563**	0.1078	−0.4638	0.2382	0.6475***	0.0365
IS（2）	0.1636	0.1185	0.6803**	0.2892	0.3501***	0.0600
IS（3）	0.1230	0.1198	0.7189**	0.2858	−0.2544***	0.0517

注：*、**、** 分别表示 10%、5%、1% 的显著性水平。

当绿色信贷作为因变量时，滞后三期的环保技术扩散和滞后一期的产业结构优化分别通过了 1% 和 5% 的显著性检验，系数为−0.0495 和−0.2563。所以，技术创新扩散和产业结构优化都对绿色信贷形成了正面效应。不同的是，技术扩散对其的促进作用具有明显的时滞性，而产业结构能够快速作用于绿色信贷的发展，且后者的作用效果高于前者。

当环保技术扩散作为因变量时，绿色信贷和产业结构优化对其助推作用明显。绿色信贷和产业结构的三阶滞后项系数分别为−0.2026 和 0.7189，均表现显著。说明中部地区政府、银行及企业重视绿色信贷发展，将绿色信贷作为促进环保技术扩散的资金手段，但由于技术投入生产的周期长或转化效率低下，导致短期内助推效果不明显，长期却有效。

根据上述估计结果可知，在中部地区，由于绿色信贷对产业结构优化的表现尚未明显的助推效应，而环保技术的扩散发展，使产业结构的调整随着时间的推移表现得愈加突出。因而，中部地区绿色信贷通过技术扩散的影响效果优于其自身对产业结构的作用影响。

3. 西部地区

由表 7-10 可知，在西部地区，当产业结构优化作为因变量时，绿色信贷和环保技术扩散滞后一期的估计结果在 1% 和 5% 的水平下均显著，且估计系数为 -0.0800 与 0.0190。而绿色信贷和环保技术扩散的二阶滞后项系数为 -0.0243 与 0.0138，其中只有环保技术扩散实现了 1% 的水平下显著，再次证实三者之间存在某种非线性关系。同时，可以看出技术扩散对产业结构调整的时效性高于绿色信贷。这说明，环保技术扩散对产业结构的优化影响，比绿色信贷对产业结构优化调整的作用程度更高。

表 7-10　西部地区 GMM 估计结果

	GCL		TET		IS	
	b-GMM	se-GMM	b-GMM	se-GMM	b-GMM	se-GMM
GCL（1）	0.3363***	0.0900	0.6545**	0.3065	-0.0800**	0.0387
GCL（2）	-0.0084	0.0413	0.3308**	0.1361	-0.0243	0.0155
TET（1）	-0.0176	0.0130	0.2587***	0.0415	0.0190***	0.0054
TET（2）	0.0269**	0.0129	0.3084***	0.0372	0.0138***	0.0046
IS（1）	-0.2509**	0.1160	0.6272*	0.3523	1.1147***	0.0625
IS（2）	0.2209**	0.0878	0.3857	0.2808	-0.2458***	0.0575

注：*、**、*** 分别表示 10%、5%、1% 的显著性水平。

当绿色信贷作为因变量时，环保技术扩散及产业结构优化一阶滞后项的估计系数分别是 -0.0176 与 -0.2509，且只有后者表现显著，它们的二阶滞后项系数分别是 0.0269 与 0.2209，且均表现显著，由此说明两者抑制了绿色信贷的发展。从西部地区发展来看，西部地区经济水平落后，第二产业基础较为深厚，政府仍旧重视经济发展，忽视绿色信贷政策，银行等金融机构为了自身利益不积极开展绿色信贷政策，最终导致绿色信贷规模缩小。

当环保技术扩散作为因变量时，滞后一期、二期的绿色信贷系数分别为0.6545和0.3308，对技术扩散表现出高度的抑制性。滞后一阶的产业结构升级系数为0.6272，对环保技术扩散起到了助推作用。出现这一结果可能是政府为了加快经济发展，将绿色信贷资金当作企业融资的一种途径，根本没有应用于技术创新扩散，因此绿色信贷成为制约环保技术创新的因素之一，产业结构优化仍旧倒逼绿色技术发展。

根据上述估计可知，西部地区经济落后，因而较东中部存在显著差别。绿色信贷与环保技术扩散之间表现出不同于其他区域的显著抑制性。但绿色信贷和环保技术扩散均能促进产业结构优化，同时产业机构优化能够倒逼绿色信贷和环保技术扩散，此时西部地区的绿色信贷无法依靠环保技术扩散对产业结构发挥间接的正效用。

六、脉冲响应分析

下文将对模型进行脉冲响应分析，表现在95%的置信区间下，对绿色信贷、环保技术扩散和产业结构优化进行200次Monte-Carlo模拟，以得到正交化脉冲响应关系图。其中横轴s为滞后期数，纵轴为各变量对冲击的响应程度，中间的实线为脉冲响应曲线，外侧的两条线则表示95%置信区间的范围。因此，本书为探究各变量间的作用关系，对各区域的脉冲响应如图7-3所示。

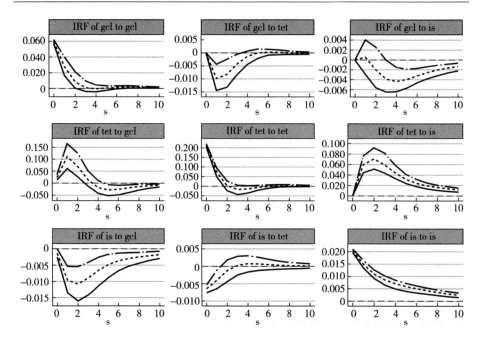

图 7-3　东部地区脉冲响应

1. 东部地区脉冲响应

由图 7-3 可知，第一行的三张图表现为东部地区绿色信贷对自身发展、环保技术扩散和产业结构优化的脉冲响应路径。东部区域绿色信贷受到自身冲击产生了正向反应，一直持续到第四期才趋于稳定。而绿色信贷对技术扩散的冲击一开始为负效应，滞后一期时降至波谷，后来逐渐上升至平稳。说明从长期来看，东部地区的绿色信贷政策对环保技术扩散发挥了一定的助推作用。从最后一张图可以发现，一开始绿色信贷对产业结构施加一个正向冲击，此时表现为抑制，然后在四期时达到负效应峰值，最后逐渐趋于平衡。说明由于东部地区绿色信贷政策的推广，短期内其对产业结构的调整表现为抑制效果，这一结果可能的原因是资源错配导致负外部性的产生，但随着绿色信贷政策的逐步完善加强，长期内该政策将引导社会资源高效地流向绿色环保产业，达到产业结构调整的目的。

中间三张图环保技术扩散对各变量的冲击图示。环保技术扩散对绿色信贷首先是一个正向冲击，然后在四期时实现负效应并最终趋平。根据绿色信贷对技术扩散的影响可知，虽然东部地区绿色信贷水平发展较高，但仍不能避免资金错配现象，绿色信贷无法提供充足的技术扩散所需资金，但从长远来看，二者相辅相成。技术扩散对产业结构长期保持着正向效果，从而说明东部区域的社会经济实力相对较强，地区公众的环境保护意识以及大部分企业的社会责任感也较为进步，因此注重对绿色技术的开发和引进，因而地区技术水平越高，产业结构优化程度越高。从最后一行各图来看，产业结构的冲击对技术扩散表现为由负效应逐渐上升至平稳，表明了在短时间内产业结构优化对环保技术扩散的影响并不显著，但长期存在驱动效果。

2. 中部地区脉冲响应

根据图 7-4 可知，图中第一列显示各变量对绿色信贷的冲击响应。绿色信贷对自身冲击产生了正向反应，持续至十期后才逐渐稳定，这说明目前中部地区绿色信贷水平较低，有较大的发展空间，且绿色信贷较为依赖自身的发展；环保技术扩散对绿色信贷的冲击一直处于负向冲击，说明其发展可助推绿色信贷的发展。产业结构优化对绿色信贷也是如此，说明中部地区的技术进步和产业优化均能在不同程度上促进绿色信贷发展，且产业结构促进效果更加显著。

图中第二列是各变量对环保技术扩散的冲击效果图。其中，产业结构优化对环保技术扩散的冲击首先为负，滞后一期时达到最小值，后逐渐回升直至平稳。结合第三列中技术扩散对产业结构升级的冲击图，可以发现两者图形相似。这一结果说明，绿色技术扩散与产业结构升级之间的互动关系显而

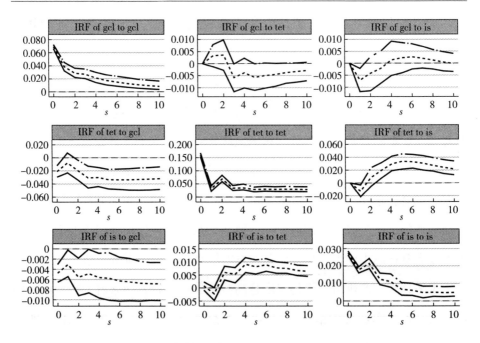

图 7-4　中部地区脉冲响应

易见，技术扩散能促进产业结构升级，产业结构升级需要更先进环保的技术。与东部地区相比，绿色信贷的作用机制虽显著，但动力机制的缺乏，导致地区整体效率远远低于东部水平。

3. 西部地区脉冲响应

根据图 7-5 可知，最上面的三张图，分别体现了绿色信贷对自身发展、环保技术扩散和产业结构优化的冲击反应。绿色信贷对自身冲击的正向影响随着滞后期数的增加而逐渐减小，在滞后二期实现平稳。而绿色信贷对环保技术扩散的冲击反应较为复杂，前两期为负效应，后提升至正效应直至最后达到平衡。说明西部地区绿色信贷在发展水平较低的情况下，短期内能够促进技术扩散，但是长期来看仍有抑制效果。这与西部地区的实际情况相符，西部地区以能源工业和重工业为主，环境状况较中部和东部而言较恶劣。政府将绿色信贷资金投入工业生产，从而抑制了绿色技术的创新扩散。而绿色信贷对产业结构优化的冲击，前四期均为负效应随后趋平。说明绿色信贷能够显著促进产业结构优化。

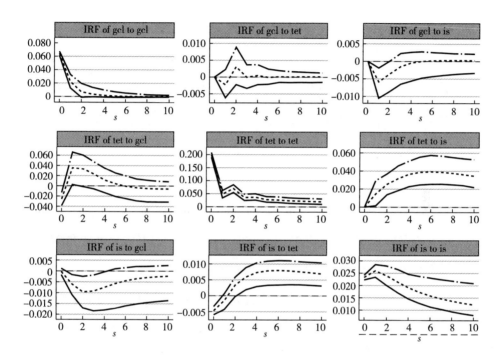

图7-5 西部地区脉冲响应

中间三张图，其中环保技术扩散对产业结构优化的冲击路径，当期的产业结构优化所受冲击尚未表现，但后期表现为一种上升态势的正向效应，这说明西部地区环保技术扩散程度的提升对该地区产业结构优化有持续的显著促进效果。最后一行三张图中，产业结构升级对环保技术扩散由一开始的负效应，逐步回升至正效应，到第四期开始走向平稳。再次说明，在西部地区经济发展程度较低、环境状况严峻的状况下，政府、企业应加大对绿色信贷政策的执行力度，鼓励企业研发和引进环保技术，在此基础上产业结构得到优化。与东部地区和中部地区脉冲响应图相比，绿色信贷、环保技术扩散和产业结构升级三者之间的紧密度更高，影响深度更深，也更能高效率地改善西部地区现状。

七、方差分解

为了深层次地研究绿色信贷、技术扩散水平与区域产业结构优化之间的动态交互程度，下面将运用方差分解分析不同信息冲击下，对应内生变量变化的贡献比例。

1. 东部地区方差分解

表 7-11 反映了东部地区方差分解结果。

（1）在每一期中对绿色信贷的贡献中，绿色信贷自身占比维持在 94% 以上，其次是环保技术扩散，最后是产业结构优化。

（2）在各期对区域绿色技术扩散的贡献中，技术扩散对自身的影响在 30 期内均在 58% 左右并保持最高，其次是绿色信贷占比在 23% 以上，最后是产业结构升级，占比在 19% 左右。

（3）在各期对产业结构优化的影响贡献中，产业结构优化占比最高，绿色信贷占比次之为 27% 以上，技术扩散贡献度在 4.2% 左右保持最小。随着滞后期的推进，区域技术扩散和产业结构优化的影响下降，绿色信贷的影响略微上升。

表 7-11　东部地区方差分解

	s	GCL	TET	IS
GCL	10	0.944	0.039	0.017

续表

	s	GCL	TET	IS
TET	10	0. 230	0. 581	0. 189
IS	10	0. 272	0. 043	0. 686
GCL	20	0. 943	0. 039	0. 018
TET	20	0. 231	0. 577	0. 192
IS	20	0. 273	0. 042	0. 685
GCL	30	0. 943	0. 039	0. 018
TET	30	0. 231	0. 577	0. 192
IS	30	0. 273	0. 042	0. 685

2. 中部地区方差分解

表 7-12 为中部地区方差分解结果。

（1）在每一期中对绿色信贷的贡献中，绿色信贷对自身的影响最大可达 97% 以上，其次是环保技术扩散，最后是产业结构优化。随着滞后期数的增加，绿色信贷自身的影响逐渐下降，环保技术扩散和产业结构升级的影响在逐渐上升。

（2）在各期对区域绿色技术扩散的贡献中，绿色技术扩散对自身的影响最大，最大占比达到 72% 以上，绿色信贷次之，产业结构升级影响最小。随着滞后期数的推进，绿色信贷影响程度大幅提高，而技术扩散自身的影响也大幅下降，产业结构优化影响稳步提升。

（3）在各期对产业结构优化影响的贡献中，产业结构优化占比最大为 71%，绿色信贷和环保技术扩散影响差别不大。绿色信贷和技术扩散的影响程度随着滞后期数的增加而较大幅度增加，则产业结构优化较大幅度下降。由此可说明绿色信贷对环保技术扩散和产业结构优化的促进作用会随着时间越来越大，也越来越重要。

表 7-12   中部地区方差分解

	s	GCL	TET	IS
GCL	10	0. 972	0. 019	0. 010
TET	10	0. 159	0. 726	0. 115
IS	10	0. 119	0. 166	0. 715
GCL	20	0. 966	0. 024	0. 010
TET	20	0. 237	0. 633	0. 130
IS	20	0. 200	0. 204	0. 596
GCL	30	0. 964	0. 025	0. 011
TET	30	0. 264	0. 604	0. 132
IS	30	0. 230	0. 213	0. 557

3. 西部地区方差分解

表 7-13 展示了西部地区方差分解结果。

（1）在每一期中对绿色信贷的贡献中，绿色信贷自身占比最大达到 98%
以上，其次是产业结构优化，最后是环保技术扩散。

（2）在各期对区域环保技术扩散的贡献中，自身占比最大，最高可达
78%，其次是产业结构优化，最后是绿色信贷。随着滞后期数的推进，技术
扩散的影响较大程度下降，产业结构优化也随着上升。

（3）在各期对产业结构优化的影响贡献中，其自身发展水平占比最高，
环保技术扩散次之，绿色信贷的贡献度在 6.2%~7.8% 保持最低。技术扩散
对产业结构优化的解释比例，虽然在一定程度上有所提升但仍旧维持在低水
平内，表明在短时间内西部地区尚未展现出技术扩散对产业结构调整的影响
效果。

表7-13　西部地区方差分解

	s	GCL	TET	IS
GCL	10	0.986	0.003	0.010
TET	10	0.056	0.785	0.158
IS	10	0.078	0.093	0.829
GCL	20	0.986	0.003	0.011
TET	20	0.052	0.709	0.239
IS	20	0.066	0.126	0.808
GCL	30	0.986	0.003	0.011
TET	30	0.050	0.687	0.263
IS	30	0.062	0.135	0.803

八、实证结果

本书通过构建面板自向量回归模型，对各区域绿色信贷、环保技术扩散和产业结构优化之间的作用关系进行了实证研究，所得结果如下：

第一，从各区域的 GMM 估计结果中可以发现，不同地区的绿色信贷对我国产业结构的优化效应均呈现出正向促进关系，影响程度由高到低分别是东部、西部和中部；东中部地区绿色信贷显著推动环保技术的扩散，且东部地区绿色信贷对产业结构的直接效果优于间接使用环保技术扩散对产业结构的影响作用，中部地区表现恰好相反，后者的影响程度高于前者；西部地区的绿色信贷抑制环保技术的扩散，而环保技术与产业结构之间存在双向促进关系。

第二，从各个区域脉冲响应对比分析来看，三个区域的绿色技术扩散对于产业结构优化促进效用显著，虽然东部地区作用深度更高，影响速度更快，但只能在短时间内保持对产业结构刺激作用，8 期后缺乏对应的长效机制而不能很好地利用地区技术扩散。中部和西部地区能够保持长期高效的正向影响。

第三，从各地区的方差贡献率结果进行分析。首先，从每一期各变量对绿色信贷发展的贡献效果看，三个区域均表现为绿色信贷水平自身贡献率最高，占比达到90%以上，且西部地区绿色信贷对自身影响程度高于东部地区；每一期各变量对环保技术扩散程度的贡献作用来看，三个区域也均为环保技术扩散对自身影响最大，占比保持在56%以上，且占比由低到高分别是东部、中部以及西部地区；对各区域各期产业结构优化的贡献影响中，西部地区环保技术扩散对产业结构调整的影响占比最高且稳步上升，其次是东部，贡献率最低的是中部地区。出现上述情况，可能的解释是：东部地区经济发展达到一定高度，生态环境相对较好，整个区域环保氛围较为浓厚；对比西部地区，生态环境本身较为恶劣，加之该区域主要以重工业为主，政府及企业为了追求经济利益，对绿色信贷政策重视程度不够，因而东部地区绿色信贷对技术扩散的作用优势由此产生。

第八章

科技保险对环保技术扩散的助推效应

第一节　行业背景与研究意义

一、研究背景

企业在进行环保技术创新的过程中会面临着技术创新的高风险。从微观来看，环保技术创新型企业在整个运营过程会面临资金短缺、人才流失和研究成果转化失败等多种风险，为了降低上市重污染企业进行环保技术创新时面临的风险，使这种风险达到最小化，科技保险随之应运而生。科技保险在本质上起着分散研发风险的作用，有利于调动各个研发部门对技术研发创新的积极性，减少科研人员担心科研失败的心理负担，在一定程度上提高科研项目的成功性，进而提高技术研发创新的效率，最终在全社会范围内形成科研技术蓬勃发展的良好景象。科技保险意义重大，是实施我国自主创新战略，引导并支撑中小企业进行创新发展的至关重要的部分，也是进一步贯彻落实我国社会主义科学发展观，促进科技和金融相结合发展的重要措施之一（杨文，2012）。

企业实施环境保护技术创新的最初原因是需要遵守法律法规，但最基本的驱动力是企业潜在的经济利益。毫无疑问，重污染上市企业在投保科技保险之后，降低了企业进行环境保护技术创新的风险，实际上能否真正提升企业的技术创新水平，对这个问题众多学者有不同的看法意见。以此为基础，本章将重污染上市企业作为研究背景，运用实证分析的方法搭建科技保险和企业环保技术创新的实证分析模型，探讨科技保险与环保技术创新扩散两者之间的关系，并在其中引入融资约束、企业研发投入作为中介变量，研究两者之间的中介效应原理及相互作用关系。

二、研究意义

1. 理论意义

首先，关于科技保险的研究大多集中于需求动因分析和发展策略方面，以及从法律、政府政策等角度开展研究，对其经济后果的实证研究还相对匮乏。本章从科技保险的新角度来研究环保技术创新扩散，并建立实证模型来研究两者之间的作用关系。研究有利于发挥科技保险推动企业环保技术创新扩散经济和环保的双重效应，不仅填补了当前理论研究的不足，也有助于引导企业开展环保类的技术创新实践活动。

其次，从融资约束和研发投入的角度揭示提高企业环保技术创新扩散能力的"黑箱"。以购买科技保险为特殊情境，从融资约束和研发投入的角度，深入挖掘了科技保险与企业环保技术创新扩散关系间的中介渠道，即企业的融资约束和研发投入状况是否影响企业认购科技保险的行为，从而进一步影响企业的环保技术创新扩散，也进一步丰富和完善了科技保险对企业环保技术创新扩散方面的研究。

最后，本章丰富了科技保险对企业环保技术创新扩散的异质性研究。在研究融资约束和研发投入二者的中介效应对科技保险和企业环保技术创新扩散影响的基础上，进一步探讨根据产权性质、两职兼任、资本密集度分类的重污染上市公司中科技保险能否对企业环保技术创新扩散发挥效应。在一定程度上完善并拓展了科技保险关于企业环保技术创新扩散的理论研究范畴。

2. 现实意义

第一，通过对 2012~2019 年沪深 A 股重污染上市公司的实证研究发现科技保险对企业环保技术创新扩散具有促进作用，企业研发投入对此起到正向调节作用，且国有企业、两职兼任的企业以及轻资产型企业购买科技保险更能够显著加强科技保险对企业环保技术创新扩散的促进作用。研究结论为上市公司增加研发投入以加大创新力度、提高科技保险的有效性及购买率提供了统计数据参考，同时也为国有性质、两职兼任及轻资产型上市公司的环保技术创新扩散活动提供了一定的启示和政策建议。

第二，本章的相关结论对我国企业引进、发展和完善科技保险制度提出了重要经验证据和政策建议，并促进了科学技术保险制度在我国企业的深入发展。相较于西方发达国家来说，我国科技保险的投保比例一直较低，其发展仍处在初级阶段，并且我国企业对科技保险的关注度一直不高，通过实证分析科技保险对企业环保技术创新扩散的影响，从而说明科技保险对提升企业环保技术创新扩散水平的重要作用，从而根据结论对企业是否需要认购科技保险提供了经验证据。

第三，本章分析了重污染上市公司购买科技保险助推企业环保技术创新扩散的影响机制，支持重污染上市公司利用科技保险减缓产品研发风险压力，结果对提升国内和国际重污染企业的环保技术创新扩散能力有所帮助。

第二节　实证分析思路与研究假设

一、研究假设

1. 科技保险对企业环保技术创新扩散的影响分析

根据上述论文内容与现有理论进行比较研究，本章将在此基础上对企业投保科技保险与企业环保技术创新扩散之间的相互关系展开理论研究，并作出理论解答。

从研究表现来看，科技保险对投保企业的环保技术创新扩散的作用表现在两个方面：首先，科技保险其本质上属于保险，拥有保险的功能，能够为相关企业的投保标的起到转移风险、分散风险的作用。从当前重污染企业生产经营中可以发现，必须在生产、运输的各个环节都要做好充分的安全防护措施，以免出现相关安全事故，为企业带来不可避免的经济损失。事故一旦发生，涉事企业也必须对其造成的环境损失承担责任，其中所需要耗费的资金量庞大，进而直接压缩公司生产经营所需要的资金，最后会导致企业正常发展受阻。科技保险的出现，一定程度上为企业技术研发减轻资金负担，使企业生存能力更强，研发积极性更高。其次，虽然科技保险的主要任务是为投保企业分散风险，但实际上还起到监督投保企业进行安全工作的作用。保险公司作为严格的监督者，能最大限度避免事故的出现，这无疑有利于投保企业的安全发展。在环保部门的强制性要求下，重污染企业需要投保配置环境污染责任险，以便保险公司能够检查和督促企业日常的工作运营、环保安全工作。降低安全事故的发生频率，让企业经营得到平稳有序发展。保险公司在监管被保险企业时，会从自身利益出发，严格控制企业相关风险，从而提升企业的创新力，为公司制度变革和环保技术创新扩散打造一个合理的创新环境。基于此，本章提出以下研究假设：

H8-1：科技保险对企业的环保技术创新扩散具有正向影响。

2. 科技保险对企业环保技术创新扩散水平的影响机制分析

企业的环保投资支出需要一定的资金作为动力，从现有经验证据中能够看出，企业融资的资金约束影响其在环境保护方面的投资支出，在多数中国制造类企业中，重污染行业公司大多面临着高投入和技术变革的压力，以及产品销售收入回收周期长等问题。企业研发投入能提高企业创新绩效，并影响其产出能力。此外，对于研发型企业，关键要看其技术研发水平的高低。因企业研发投入具有高风险、高投入、回收时间长等特点，所以如果企业在进行研发技术投入时能取得成功，使用新技术会降低原产品的成本，从而实现企业拓宽市场的目标，提高其产品的市场竞争力和占有水平，进一步提高企业的创新绩效水平（邢雯佳，2018）。

因此，本章选择融资约束和企业研发投入这两个指标分析科技保险对企业环保技术创新扩散的影响机制。

（1）融资约束的中介效应分析。

从目前的研究成果来看，大约有两类中介变量能对科技保险和企业环保技术创新扩散的作用关系产生影响，主要包括融资约束和环境规制，本章以研究融资约束这一变量为主。

企业通过投保科技保险，可以将环境赔偿责任分散到保险机构，减少环境污染赔偿损失，控制了企业的经营风险。不仅如此，企业投保科技保险还具备降低银行借贷风险的作用，在资金融资方面解决企业的难题，为企业提供相比之前而言更为宽松的借贷条件。缓解企业的资金压力，将更多资源投入到提升企业的环保技术创新扩散水平，有利于企业环保技术创新扩散的进一步发展。因此，科技保险可以在一定程度上缓解关于重污染企业在融资方面的条件约束，以得到绿色信贷支持。另外，投保科技保险体现了企业致力于维护环保、发展绿色科技的决心，通过信号机制向投资者传递其科学发展的企业面貌，满足投资者的投资需要。资金充足是企业研发的前提条件，然而因企业的创新投资具备高风险、保密性和低保障的特点，加上信息不对称的存在，资金缺口与投资者之间无法及时有效地匹配，导致创新比企业正常的经营活动有着更苛刻的融资条件限制。环境污染责任保险转移了企业的污染事故责任，充分利用了企业资金，在一定程度上，减轻了公司内部资源制约及对创新的压力。另外，科技保险的风险分散功能可以在较大程度上防止公司发生倒闭的情况，为公司技术创新营造积极、健康、稳定的氛围，从而增强管理层风险担当的意愿，鼓励其大胆创新，有助于环保技术创新扩散活动实现成功。

投保科技保险的企业，其投保行为承担一定的社会责任，更容易获得资本市场的认可，企业融资便利会继续发展环保技术创新扩散。由此可见，企业投保科技保险能有效减少融资约束。基于此，本章提出以下研究假设：

H8-2：科技保险能够显著缓解企业融资约束，从而提高企业环保技术创新扩散水平。

（2）企业研发投入的中介效应机制分析。

本章选取研发投入（RDE）为主要中介变量，即企业选择购买科技保险能够影响企业研发投入，从而对企业环保技术创新扩散产出具有重要作用，并重点强调研发投入是决定企业技术创新成果的关键要素，根据一般商业规律，提高企业研发投资支出能够给企业技术创新产出带来一定的资金保障。当企业出现生产问题或工艺瓶颈时，可能需要在研发方向做出调整，并根据自身的实际情况，对产品发展及企业优势进行考虑，提高研发投入的使用效率，从而推动企业的环保科技创新发展水平。在融资方面，研发的持续资金投入能够为企业积累研发信用，进一步增强企业的融资能力。从而将更多的资金投入科技保险以便及时规避企业研发新技术带来的高风险。本章选择企业研发投入作为企业环保创新产出的中介变量，并认为科技保险可以通过增加研发投入对企业环保技术创新扩散水平产生影响。基于此，本章提出以下研究假设：

H8-3：科技保险能够通过增加研发投入，以此提升企业的环保技术创新扩散水平。

第三节 变量选择与说明

一、变量说明

1. 被解释变量

企业的环保技术创新扩散水平（innovation）。专利申请数量通常被看作反映公司技术创新水平最科学、最准确的指标，因此当公司申请专利时，就可以认为已经获得了创新发明成果。目前，对中小企业的绿色技术创新评估方面的方法也较多，本章采用世界知识产权组织（WIPO）于2010年发表的《国际专利分类绿色清单》，从中选出环境友好型技术专利数据，识别出企业绿色专利申请数量代表企业环保技术创新扩散的水平。

企业环保技术创新扩散的研发支出（BRE）。从理论逻辑上分析，各种环保研发投资都是对资源的浪费且存在成本性，绿色技术创新是指各类环境保护研发投入的总产出。就长远发展而言，环保研发投入对企业的绿色技术创新发展也有重要的正面影响。因此本章参考（田淑英，2019）的做法，选取用于环保技术研发企业的研发经费支出（BRE）作为企业环保投入（RD）的替代变量进行研究。

2. 解释变量

已有研究对科技保险的数据较少涉及，借鉴（李红坤，2014）等的研究，科技保险（techinsurance）投入费用与企业研发投入存在正向相关的关系。采用2012~2019年70家上市重污染企业研发投入中科技保险投入所占的比重，通过手动计算整理所获得科技保险的相关投入费用。

3. 控制变量

能对企业环保技术创新扩散产生影响的变量因素还有很多，本章控制了可能对环保技术创新扩散产生影响的公司内部因素，包括成长能力（Growth）、盈利能力（ROA）、融资约束指数（SA）、财务杠杆（Lev）、公司规模（Size）、企业年龄（FirmAge）以及持股集中度（Top1）等变量，具体见表8-1。

表8-1　各变量定义名称

变量类型	变量符号	变量名称	衡量方式
被解释变量	innovation	企业环保技术创新扩散	绿色专利申请量
	BRE	环保技术创新扩散的研发支出	企业绿色创新的研发支出并取对数
解释变量	Insurance	科技保险	科技保险的投入
控制变量	Size	公司规模	年总资产的自然对数
	Lev	财务杠杆	总负债/总资产
	ROA	盈利能力	净利润/平均所有者权益（净资产收益率）
	FirmAge	企业年龄	ln（当年年份–公司成立年份+1）
控制变量	Cashflow	现金流	经营活动产生的现金流量净额除以总资产
	Growth	成长能力	企业营业收入的增长率
	Top1	持股集中度	第一大股东的持股占比
	GDP	地区经济生产总值	不同省份的经济发展水平
虚拟变量	Industry	行业	样本公司所在行业的虚拟变量
	Year	年度	样本公司所在年度的虚拟变量
中介变量	SA	融资约束指数	企业总资产和年龄
	RDE	研发投入	若企业的研发支出处于行业中位数之上，取值为1，否则取0

（1）公司规模（Size）。公司规模的评估指标，主要是通过测算上市公司

年末总资产的自然对数来实现定量评估（孙晓华和王昀，2014）。不同规模的公司拥有不同的财务实力与资源水平，这也会使公司的环保科技发展水平有所不同。一般来说，公司资产规模与其环保技术创新扩散水平呈正相关关系。

（2）财务杠杆（Lev）。财务杠杆主要体现了企业的违规经营风险，根据上市后公司当年的资产负债率反映。此外，财务杠杆也会影响利益相关者的经济决策，其经济决策在很高程度上决定企业的偿债能力。当一家企业的财务杠杆越高，其债务违约的风险性也会更大，当企业遇到了较高的债务违约经营风险时，将会缩减成本或不必要的投资（毛其淋和许家云，2014）。并且企业的财务杠杆在一定程度上体现出企业的融资能力，融资能力强的企业可以将更多的资金投入到企业的研发创新中，这样就能够持续增强企业的环保技术创新扩散能力。

（3）公司盈利能力（ROA）。获利能力是一种被普遍采用的评价企业获得收益能力的指标。本章主要以上市公司在当年的净资产收益率来衡量公司的整体盈利水平。

（4）公司年龄（FirmAge）。公司年龄一般是用上市公司当年的年份减掉公司成立的年份加一后再取对数来判断。公司年龄不同也会影响公司的成本结构，公司存续的期限越长，对资金管理、公司治理和日常运作的经验越丰富，考虑到公司未来的长久发展，公司管理层人员增加环保科技投入的意愿会更强烈。

（5）现金流（Cashflow）。资本约束是通过对上市公司经营活动中形成的现金净流量与公司年末总资产的比例计算确定。资金流反映了公司的资本流动潜力，流动资产越多，公司提高环保科技创新水平的动力越强。

（6）经营能力（Growth）。成长能力主要是根据上市企业当年的营业收入来表现的，也反映出公司发展速度。有研究表明，企业的成长潜力对公司管理层内部和外部资源都有影响，而由于公司规模的扩大其内部可调度的资本也会相应增加，企业管理层便会将更多的资源投放于环保技术创新扩散中，以此提高其在资本市场的创新竞争力。

（7）持股集中度（Top1）。持股集中度是指对第一大股东的持有比例。它体现了公司管理的基本架构，很大程度上也会影响企业的投资决策，持股集中度越高，越有利于企业环保技术创新扩散的发展。

除此之外，考虑到不同行业间的特征差异以及时间趋势可能会对研究结果产生一定的影响，因此本章引入行业虚拟变量和年度虚拟变量来进行控制。

（8）年度虚拟变量。书中涵盖 2012~2019 年总计 8 个会计年度，设置了 7 个年度虚拟变量。

（9）行业虚拟变量。本章按照国内证监会的行业划分，设置 16 类重污染行业和 15 个虚拟变量。

4. 中介变量

（1）融资约束指数（SA）。企业融资约束的重要计算方法有三类：KZ 指数、WW 指数和 SA 指数。由于 KZ 指数和 WW 指数中涉及了多种内生性金融变量，为减少内生性的影响，Hadlock 和 Pierce（2010）通过 KZ 指数方法和企业财务报表区分公司的资金约束状况。然后，仅用企业规模和公司年龄这两种高度外生变量建立 SA 指标。SA 指标的计算公式如式（8-1）所示：

$$SA = -0.737 \times Size + 0.043 \times Size^2 - 0.04 \times Age \tag{8-1}$$

其中，SA 指数通常为负值，绝对值越大，融资约束越严重。借鉴鞠晓生和卢荻（2013）的文献，本章决定用公司规模和公司年龄来衡量企业的融资约束水平。

（2）企业的研发投入（RDE）。研发投入规模是高新技术产业成长的关键指标，也是影响企业发展最重要的因素之一。公司的研发投入能产生技术创新成果，增强公司的科技创新能力，是公司效益的体现所在。高新技术产业研发投入所创造的价值是公司创新绩效的表现。基于此，参考邹洋和叶金珍（2019）的文献，将企业的研发投入设置为 0~1 变量，若企业的研发投入（RDE）处于行业中位数之上，取值为 1；反之为 0。取值为 1 说明企业愿意购买科技保险来规避公司可能会出现的创新风险，加大对研发工作的资金支持力度，带来更多的技术创新，从而促进企业环保技术创新扩散水平的发展。

第四节　实证结果分析

一、科技保险与企业环保技术创新扩散的描述性统计分析

本章将利用 Stata 17.0 软件对模型的被解释变量、解释变量还有主要控制变量的平均值、最小值、最大值及标准差实行全数据的描述性统计分析，并进行如下具体描述：

表 8-2 列出了所有样本变量的描述性统计分析结果。绿色专利申请量的平均值约为 5.99，标准差为 12.21，说明一些重污染企业的环境科技创新能力已经达到平均水平；并且这项指标最大值与最小值的差距也很大，表明重污染企业内部的环保科技创新水平也有很大的差异，说明大多数重污染企业的环保技术整体创新水平并不高且处于中低阶段。科技保险的平均值为 11.09，标准差为 20.81，说明重污染企业均值较低，标准差也比较低，存在

双低情况，从中也可以发现样本中重污染企业投保科技保险的比率并不高，最大值 116.88 与最小值 0.04 的差距也很大。说明现阶段我国科技保险市场机制不够成熟稳定，市场容易受到外界因素的影响。除此之外，样本公司的规模平均值为 22.88，公司的平均年龄达到 2.94 年，平均现金流约为 0.06，最大股东的持股比例平均值为 38%，公司财务杠杆的均值达到 0.50，说明重污染上市企业的负债率较高，可能不利于企业的环保技术创新扩散。且公司的行业地位的均值为 0.27 小于 1，说明大部分重污染上市企业的绿色技术创新水平并不高。

表 8-2 全样本量的描述性统计分析

变量名称	观测值	均值	标准差	最小值	最大值
innovation	560	5.99	12.21	0.00	77.00
lnBRE	539	18.06	1.56	14.30	21.78
Pinnovation1	560	0.27	0.44	0.00	1.00
techinsurance	560	11.09	20.81	0.04	116.88
Lev	560	0.50	0.21	0.11	0.92
ROA	560	0.04	0.06	0.12	0.27
Cashflow	560	0.06	0.06	-0.10	0.27
Growth	560	0.10	0.29	-0.42	1.66
FirmAge	560	2.94	0.28	2.08	3.40
Top1	560	0.38	0.15	0.11	0.83
GDP	560	38429.99	24582.70	2131.00	107986.90
Size	560	22.88	1.37	20.39	26.37

二、检验模型的设定

本章主要研究科技保险对企业环保技术创新扩散的正向影响，借鉴钟凯

（2017）的研究方法和思路，构建以下模型进行实证检验：首先对科技保险与企业环保技术创新扩散之间的正向影响进行检验，即检验假设 1 是否成立。innovation 为被解释变量，techinsurance 为衡量科技保险的解释变量，加入控制变量构建固定效应回归模型式（8-2）。

$$innovation_{i,t}=\beta_0+\beta_1 techinsurance_{m,t}+\beta'_2 Control_{i,t}+\delta_i+\theta_t+\varepsilon_{i,t} \qquad (8-2)$$

其中，β_0 表示回归方程的截距项，β_1、β_2 表示相应变量的回归系数；ε 表示随机扰动项。被解释变量 $innovation_{i,t}$ 表示公司 i 在第 t 年的绿色技术创新产出水平，使用企业绿色专利的申请数量度量；解释变量 $techinsurance_{m,t}$ 表示公司 i 所在的行业 m 在第 t 年的科技保险投入情况；$Control_{i,t}$ 表示控制变量，包括公司规模、财务杠杆、盈利能力、企业年龄、现金流、成长能力、持股集中度等控制变量；δ_i 表示公司个体固定效应，在本章表现为地区控制固定效应；θ_t 表示时间固定效应，下标 t 表示年份；$\varepsilon_{i,t}$ 表示随机误差项；关键解释变量 $innovation_{i,t}$ 的系数 β_1 表示科技保险对企业环保技术创新扩散的影响，根据本章的研究假设，预期该系数 β_1 显著为正。

三、样本的选择与数据来源

根据国务院生态环境部发布的《上市公司环境信息披露指引》，重污染工业企业主要包括火电、钢铁、水泥、冶金、化工、石化等 16 大类行业，环保部门要求相关企业定期披露污染物排放等环境信息。同时，这些企业也是保险公司发展科技保险业务的主要目标对象。当前，科技保险的投保方通常是高污染企业，根据上述的行业分类，找到了 70 家上市重污染企业的相关数据。因此，本章选择 2012~2019 年沪深 A 股市场重污染上市企业作为主要样本数据。这些样本数据包括 70 家重污染上市公司，共有 560 个公司样本。公司样本的筛选过程与分年度样本规模如表 8-3 所示。

表 8-3　样本筛选过程与分年度样本规模

样本	数量	说明
原始样本	826	重污染行业公司
第一步	132	剔除 ST、* ST 公司
第二步	134	剔除缺少关键数据的公司
最终样本	560	"公司年度"观察值总计
Year	2012~2019 年	8 年的样本数据

　　书中采用面板数据固定效应模型。基于证监会《上市公司行业分类指引》有关重污染企业的划分标准,通过手工收集上市公司及其子公司有关科技保险的数据。样本中的财务数据来源于 CSMAR 数据库、Wind 金融数据库、CRNDS 数据库、企业年报和国家知识产权局网站。对所有指标使用 1% 上下的 Winsorize 缩尾处理法。所有数据采用 Stata 17.0 版本软件进行处理和分析。

四、科技保险与企业环保技术创新扩散的模型回归结果与分析

　　本章主要运用了重污染产业 A 股上市公司在 2012~2019 年的面板数据分析企业环保技术创新扩散成果和公司投保科技保险之间的关联,豪斯曼检验结果表明 P 值低于 0.05,结果是拒绝原假设。为此,在本章中选取"个体—时间"的固定效应模型展开实证分析。

　　表 8-4 展示了科技保险对企业环保技术创新扩散影响的基准回归结果,首先使用式(8-1)完成了假设 1 的检验,模型(1)是只控制个体和时间的固定效应后的结果,模型(2)是将被解释变量企业的环保技术创新扩散水平(Innovation)替换为研发支出(BRE)做出的回归结果。由表 8-4 可以看出,模型(1)通过 5% 的显著性水平检验,模型(2)通过了 1% 的显著性水平检验。因此模型(1)与模型(2)的回归方程都是显著的,并且与模型

（1）比较，模型（2）的解释能力也有所提高，说明模型用研发支出（BRE）作为被解释变量得出的回归结果其显著性有所提高。

表8-4 科技保险对企业环保技术创新扩散影响的基准回归结果

	模型（1）	模型（2）	模型（3）
	innovation	BRE	Pinnovation
techinsurance	0.089 **	0.029 ***	0.009 ***
	(2.11)	(10.78)	(2.67)
Size	4.541 ***	0.630 ***	0.575 ***
	(3.16)	(7.14)	(8.10)
Lev	-6.820	-0.315	0.295
	(-1.36)	(-1.02)	(0.56)
ROA	-2.183	0.878	0.730
	(-0.21)	(1.37)	(0.44)
Cashflow	-7.775	-1.276 ***	0.160
	(-1.06)	(-2.93)	(0.12)
Growth	-1.401	-0.212 **	0.139
	(-0.99)	(-2.44)	(0.59)
FirmAge	-9.308	-1.665 **	-0.570 **
	(-0.85)	(-2.50)	(-1.98)
Top1	0.625	-0.922 **	-2.292 ***
	(0.09)	(-2.06)	(-4.49)
GDP	0.000	0.000	-0.000
	(0.80)	(0.55)	(-0.42)
个体效应	Yes	Yes	—
时间效应	Yes	Yes	—
常数项	Yes	Yes	Yes
观测值	560	539	560

注：*、**和***分别表示在10%、5%和1%的水平上显著。

综上所述，模型（1）的回归结果表明，科技保险（Techinsurance）对企业环保技术创新扩散的（Innovation）的影响仍然是正向的，同时通过了5%水平的显著性检验，说明科技保险能够对企业环保技术创新扩散产生显著的正向影响。将被解释变量改为研发支出的对数，则显著的正向影响关系依然存在，表明科技保险对企业环保技术创新扩散的正向影响关系确实存在，该回归结果证明了前文假设 H8-1 的成立，即科技保险对企业的环保技术创新扩散具有正向影响。

因此，增加公司的科技保险投资是推动企业环保技术创新扩散的有效途径，将逐步改变企业长期面对的环境压力。值得一提的是，这条途径利用长久的环保科技进步降低分销的生产成本来补偿创新费用，促进公司的长远发展。所以通过投保科技保险来提高公司的环保科技创新水平能达到双赢的效果，能促进公司的经济发展与环境污染的恢复。另外，通过模型的其他回归结果也可以看出，公司具有充裕的现金流并不一定能够推动公司环保创新的进展。模型中控制变量公司规模（Size）的系数为正，说明公司规模与企业环保技术创新扩散之间也存在正相关关系，公司规模越大，企业的环保技术创新扩散和管理水平越高，主要原因是大企业具有资金优势、知识产权维护能力以及面对创新失败高风险的抗压能力。

截至目前，对科技保险及其对企业环保科技创新的正面影响已提出可靠的实验依据。我国属于典型的新兴经济体，技术创新投入对公司运营有着举足轻重的作用。因此，模型（3）选用一个新的被解释变量（Pinnovation）来衡量企业的行业地位，借用 Probit 模型，将被解释变量（Innovation）进行一定的转换，新的被解释变量（Pinnovation）表示为公司的行业地位，其衡量方式为若公司绿色专利的研发数量在整个行业中大于平均值，取值为1；反之取为 0。如表 8-4 所示，模型（3）的回归结果与之前的面板数据模型实证分析结果一致，其 1% 的显著性检验结果表明：当公司购买科技保险后，公司的研发能力明显超过其他企业，而投保科技保险则缓解了公司的融资压力，减少了公司的技术创新风险，使公司能够把更多的资金投放在环保技术创新扩散中。

五、稳健性检验

稳健性检验常用的方式有更换模型、替换功能相近的被解释变量或解释变量、对子样本进行回归以及转变数据集等方式。从表 8-4 的检验结果可以发现，企业环保技术创新扩散系数的显著性并未发生变化，这与前面假设 H8-1 的检验结论完全相符。但有所不同的是，研究模型的部分关键控制变量的显著性出现较小的变化，而这并不会影响本章的大部分研究结果，因此本章中研究假设 H8-1 的检验结果更加真实可信。

为进一步验证研究假设 H8-1 的结果是否有稳健性和可信度，可以通过如下方式来验证回归模型的稳健性：先转换被解释变量的模型，然后采用 Probit 模型取代固定效应模型的方式，以本章为例，再将被解释变量企业环保技术创新扩散（Innovation）由原来的绿色发明专利的申请量替换成研发费用支出（BRE）并取对数，再采用 Probit 模型完成相同的回归分析。稳健性验证结论如表 8-4 所示。从表 8-4 的回归结果可以了解到科技保险与企业环保技术创新扩散之间的正相关性仍然存在，并且科技保险和企业环保技术创新扩散的回归系数均是显著的，同时标准化回归系数的符号未发生变化，回归系数的显著性明显提高。从稳健性检验的结果中也可以发现，书中的假设 H8-1 都通过了显著性检验，因此，分析结果具有一定的可靠性。

六、影响机制检验

1. 模型设定

根据本章提出的研究假设 H8-2 以及先前提出的影响机制，本章采用中介效应方法，研究融资约束、创新绩效和科技保险对绿色技术创新的影响，本章将分别对这三条路径进行机制检验，借用温忠麟和叶宝娟（2014）的研究方法，采用逐步回归法进行机制检验，步骤如下：

（1）以环保技术创新扩散（Innovation）为被解释变量，以科技保险（Techinsurance）为解释变量进行基准回归。

（2）将企业融资约束（SA 指数）和研发投入（RDE）这两个中介变量分别作为被解释变量，科技保险（Techinsurance）作为解释变量进行回归。

（3）将中介变量方程纳入式（8-3）的控制变量中，观察回归系数值，从而对其中的中介效应进行检验。

$$innovation_{i,t} = \beta_0 + \beta_1 techinsurance_{m,t} + \beta'_2 Control_{i,t} + \delta_i + \theta_t + \varepsilon_{i,t} \qquad (8\text{-}3)$$

$$M_{it} = \alpha_0 + \alpha_1 techinsurance_{m,t} + \alpha'_2 Control_{i,t} + \delta_i + \theta_t + \varepsilon_{i,t} \qquad (8\text{-}4)$$

$$innovation_{i,t} = \phi_0 + \phi_1 techinsurance_{m,t} + \phi'_2 Control_{i,t} + \delta_i + \theta_t + \varepsilon_{i,t} \qquad (8\text{-}5)$$

其中，M 为中介变量，在本章中包括将企业融资约束（SA 指数）、研发投入（RDE），表明科技保险可以通过融资约束和研发投入来影响企业的环保技术创新扩散水平。式（8-3）反映了科技保险对企业环保技术创新扩散的影响，其中系数 β_1 为科技保险对企业环保技术创新扩散的总效应；式（8-4）体现了科技保险中介变量的影响效应，表示科技保险对企业融资约束、研发投入的影响程度。式（8-5）是将式（8-4）的中介变量纳入式（8-4）的控制变量中，其中系数 ϕ_1 为科技保险影响企业环保技术创新扩散的直接效应。ϕ_2 为中介变量 M 的间接效应。

2. 融资约束中介效应机制检验

表8-5是融资约束变量的中介效应机制检验结果，融资约束（SA指数）对企业环保技术创新扩散的影响不明显，未通过显著性检验。从表中可以看出，在考虑融资约束的作用下，科技保险对企业环保技术创新扩散的影响呈上升趋势，回归系数小于未考虑融资约束的情况。同时发现融资约束指标对科技保险的影响系数显著，说明融资约束指标越高，企业购买科技保险的可能性越大。综上所述，从保险市场参与的角度来看，科技保险对企业环保创新水平的影响并不是通过融资约束来体现的，证明融资约束的中介效应并不明显，研究假设H8-2不成立。原因可能是重污染上市企业在投保科技保险后有保险做保障，面临的创新性风险降低，对融资约束不再有依赖性。

表 8-5　融资约束的中介效应检验结果

	（1）	（2）	（3）
	innovation	SA	innovation
techinsurance	0.089**	0.001***	0.092**
	(2.11)	(4.24)	(2.14)
SA			-3.698
			(-0.36)
Size	4.541***	1.216***	9.037
	(3.16)	(190.29)	(0.72)
Lev	-6.820	-0.022	-6.902
	(-1.36)	(-1.00)	(-1.38)
ROA	-2.183	-0.032	-2.300
	(-0.21)	(-0.68)	(-0.22)
Cashflow	-7.775	0.012	-7.733
	(-1.06)	(0.36)	(-1.06)
Growth	-1.401	-0.002	-1.408
	(-0.99)	(-0.32)	(-0.99)

续表

	（1）	（2）	（3）
	innovation	SA	innovation
FirmAge	-9.308	-0.346***	-10.587
	（-0.85）	（-7.13）	（-0.92）
Top1	0.625	-0.004	0.608
	（0.09）	（-0.14）	（0.08）
GDP	0.000	-0.000***	0.000
	（0.80）	（-2.73）	（0.75）
个体效应	Yes	Yes	Yes
时间效应	Yes	Yes	Yes
常数项	Yes	Yes	Yes
N	560	560	560

注：*、**和***分别表示在10%、5%和1%的水平上显著。

3. 研发投入的中介效应机制检验

从表8-6可以看出，企业研发投入的中介效应非常明显。首先，从第（1）列回归结果看，科技保险对企业环保技术创新扩散方面的影响呈现明显的正向效果，影响系数是0.089，表明投保科技保险能在很大程度上促进企业在环保技术创新扩散方面的发展。其次，从第（1）列和第（3）列来看，在未考虑研发投入变量时，科技保险对企业环保技术创新扩散的影响系数为0.089，而在考虑了研发投入的变量后，科技保险对企业环保技术创新扩散的影响系数为0.084，两者系数相差不大。但进一步地看，在投保科技保险的前提下，研发投入对企业环保技术创新扩散的影响系数达到了2.018，说明研发投入显著地提高了科技保险对企业环保技术创新扩散水平，具有明显的促进作用。最后，从科技保险的角度来看，科技保险对企业的研发投入的正向影响系数为0.515，大大高于对环保技术创新扩散的影响，符合本章上述的假设 8-3。结果表明，增加对公司的研发投入并购买科技保险能够明显减少企业经营风险，提高企业盈利能力和筹资能力，增加公司发展的资金流，由此明显提升了公司的创新绩效管理水平，从而公司有更多资源开展环保技术研发创新，提升其环保创新管理水平。

表 8-6　研发投入的中介效应检验结果

	（1）	（2）	（3）
	innovation	RDE	innovation
techinsurance	0.089**	0.515***	0.084**
	(2.11)	(12.23)	(1.98)
RDE			2.018*
			(1.68)
Size	4.541***	-0.119	3.909***
	(3.16)	(-1.14)	(2.64)
Lev	-6.820	0.432	-5.962
	(-1.36)	(0.73)	(-1.19)
ROA	-2.183	0.891	-2.373
	(-0.21)	(0.41)	(-0.23)
Cashflow	-7.775	0.301	-7.470
	(-1.06)	(0.19)	(-1.02)
Growth	-1.401	-0.416	-1.136
	(-0.99)	(-1.27)	(-0.80)
FirmAge	-9.308	0.710**	-10.994
	(-0.85)	(2.07)	(-1.01)
Top1	0.625	0.090	1.363
	(0.09)	(0.14)	(0.19)
GDP	0.000	0.000	0.000
	(0.80)	(0.97)	(0.67)
个体效应	Yes	—	Yes
时间效应	Yes	Yes	Yes

续表

	（1）	（2）	（3）
	innovation	RDE	innovation
常数项	Yes	Yes	Yes
N	560	560	560

注：*、**和***分别表示在10%、5%和1%的水平上显著。

七、异质性分析

1. 基于产权性质的研究

我国也处在市场经济的转轨发展阶段，尚缺少行之有效的机制来完成行政与市场的分离。李健和陈传明（2013）认为国有银行在我国金融机构中处于主导地位，而金融机构资源多流向国有企业，并对民营企业设置了比较严格的信贷政策，造成民企投资困难的问题长期存在。据此推测，科技保险对企业的科技创新的作用在产权性质不同的公司中可能存在一定的区别。

按照产权性质分组检验的结果如表8-7所示。表中第（1）列的结果表明，科技保险对环保技术创新扩散的回归系数在10%的水平下显著为正，说明科技保险能够正向提高我国国有企业的环保技术创新扩散水平。其原因可能是国有企业与政府的联系更为密切，并且科技保险是国家提出的政策，作为国家的经济支柱企业，必将积极响应政府和国家的号召，对投保科技保险的积极性更高。此外，我国政府还面对经济社会发展与环境保护的双重压力，必须依靠国有企业来实现环保的任务。与民营企业相比，国有企业对环保的重视程度较高，这使国企更容易投保科技保险，降低了国有企业环保技术创新扩散的风险。而对民营企业来说受政府管控力度小，其环保压力和公司规模比较小，资金量远低于大型国企，因此民企投保科技保险的积极性并不高，结果会导致民营企业更容易重视眼前的经济效益而忽略其环保科技创新水平的提升。因此，相对于民营企业，国有企业投保科技保险促进企业环保技术创新扩散的效果更加明显（李敏鑫等，2021）。

表8-7 异质性分析

	（1）	（2）	（3）	（4）	（5）	（6）
	innovation	innovation	innovation	innovation	innovation	innovation
	国企	非国企	是两职兼任	非两职兼任	资本密集度高	资本密集度低
techinsurance	0.081*	0.024	0.311*	0.073	−0.028	0.143**
	(1.81)	(0.67)	(1.70)	(1.63)	(−0.27)	(2.43)
Size	5.915**	0.869	−2.690	6.169***	11.583***	1.492
	(2.35)	(0.83)	(−0.76)	(3.89)	(4.96)	(0.57)
Lev	−7.270	1.653	−0.673	−7.774	−14.715*	1.300
	(−0.77)	(0.49)	(−0.07)	(−1.35)	(−1.66)	(0.12)
ROA	−5.183	−4.940	−13.077	−4.864	3.496	7.537
	(−0.25)	(−0.74)	(−0.51)	(−0.41)	(0.23)	(0.41)
Cashflow	−16.751	0.742	6.077	−9.810	−8.483	−13.835
	(−1.20)	(0.16)	(0.44)	(−1.15)	(−0.79)	(−1.25)
Growth	−1.772	−0.798	1.376	−1.328	−5.443**	1.809
	(−0.63)	(−0.91)	(0.36)	(−0.86)	(−2.21)	(0.90)
FirmAge	−6.154	11.032*	−60.149*	−0.903	−4.390	−6.387
	(−0.19)	(1.90)	(−1.98)	(−0.07)	(−0.30)	(−0.27)
Top1	−8.358	3.243	16.120	−5.189	2.833	6.340
	(−0.63)	(0.66)	(1.00)	(−0.64)	(0.21)	(0.55)
GDP	0.000	−0.000	−0.000	0.000*	0.000	0.000
	(1.61)	(−0.43)	(−1.10)	(1.95)	(0.96)	(0.79)
时间效应	Yes	Yes	Yes	Yes	Yes	Yes
个体效应	Yes	Yes	Yes	Yes	Yes	Yes
常数项	Yes	Yes	Yes	Yes	Yes	Yes
N	280	280	88	472	274	286

注：*、**和***分别表示在10%、5%和1%的水平上显著。

2. 基于两职兼任性质的研究

董事长和总经理分别隶属于董事会和管理层两个部门中最高等级的职位，董事长的职能是下达决策命令并监督公司的日常经营活动，总经理对董事长负责并受其监督。持有董事长兼任总经理有利于公司业绩改善看法的学者指出，董事长兼任总经理有助于统一企业未来发展的方向，提升企业决策的效率，加大决策的执行力度，对公司业绩的提升有所帮助。

该企业两职兼任的检验分组结果如表 8-7 所示，表中第（3）列结果表明，科技保险对环保技术创新扩散的回归系数在 10% 的水平上显著为正，表明投保科技保险对董事长兼任总经理的企业的环保技术创新扩散水平的提高具有正向的显著作用。其原因可能是对于两职兼任的企业来说，权力越集中，企业越容易处理高投入高风险的研发项目，不会出现董事长和总经理存在利益冲突问题，也有助于企业的董事长增强应对环境变化的主动性，从企业的长远价值来看，董事长（总经理）对科技保险的投资越倾向，资源投入到企业环保技术的创新就会越多，从而企业环保科技创新水平也越高。相反，对于董事长和总经理两职分设的企业来讲，总经理个人目的是实现私有利益最大化，与董事长的利益目标可能会发生严重的冲突，降低了公司治理的效率，继而导致公司代理成本上升，因此会出现比较严重的融资约束限制，不能支持企业加大对其研发创新的投入力度，忽略投保科技保险的行为，不利于企业环保科技创新水平的提高。因此，相对于两职分设的企业，科技保险在两职兼任的公司中更能发挥推动企业环保技术创新扩散的作用。

3. 基于资本密集度的研究

轻资产和重资产的概念内涵并不是一成不变的，重资产企业（资本密集度高）往往具备厂房、原材料、制造器械、土地资源等有形资产，从更高的层面上来说，轻资产一般认为是企业的核心竞争力，著名咨询公司麦肯锡提出，专有技术、品牌价值（商誉）、客户资源、企业经验、企业文化、人力资源和管理方式都可以视为轻资产（资本密集度较低）。所以轻资产模式运营的企业成本低而回报高，其带来的结果是边际产出较高。与传统的重资产公司不同，轻资产公司的研发技术创新和无形资产对其未来的发展前景起着决定性的作用，轻资产公司通常拥有长期的研发投资支出。与重资产企业相比，轻资产公司的研发投资决策成本更低廉。同时，轻资产公司的外部竞争也十分激烈，但轻资产的运营灵活性高，能够快速地适应市场，最大限度地利用自身的资源，其通过购买科技保险来降低研发产出的风险，进一步提升自身的环保技术创新扩散水平。此外，轻资产运营模式的出现，其本质是为企业发展提供良好的运营环境，保持资金充裕，将更多资源投入到高附加值环节。企业以轻资产运营模式进行发展，能够在一定程度上释放企业的融资约束，这可以促进企业更加侧重于技术创新，最终实现企业的技术创新的发展。

表8-7显示了企业资本密集度的检验结果。表中第（6）列的结果表明，科技保险对环保技术创新扩散的回归系数0.143在5%的水平下通过了显著性检验，说明投保科技保险对提高资本密集度低的企业的环保技术创新扩散水平效果更明显。基于上述理论分析，可分析投保科技保险对于轻资产类型的企业环保技术创新扩散水平显著为正的原因可能如下：轻资产型的企业面临的固定成本低于重资产企业，其组织形式比较灵活多变，更适应于企业创新形势下的转型，由于轻资产型企业竞争异常激烈，会迫使企业进行创新和改革，加大其研发投入比例，以此提高在市场的竞争水平，同时为了防范研发项目的高风险特征，会促使轻资产公司积极主动地购买科技保险，在科技保险作为研发的基本保障前提下，轻资产类型企业会将更多的人力和资本资源

投入企业的环保技术创新扩散中。重资产型企业由于实现创新转型比较困难，面临高昂的固定成本和较多的占用资金，机会成本的耗费较大，对企业的创新水平重视程度较低，因而投保科技保险的积极性并不高，最终难以提高其环保技术创新扩散能力。

第九章

助推环保技术扩散的政策性
金融体系与实施策略

第一节　构建助推环保技术扩散的政策性金融体系

　　构建助推环保技术扩散的政策性金融体系，是中国实现绿色发展目标的关键一环，也是中国实现可持续发展的必要路径。

　　政府财政支持体系、产业引导基金体系、银行信贷体系、融资担保体系、科技保险体系和资本市场体系是推动环保技术创新和应用的核心金融工具。它们各具特色，但又相辅相成，共同构成了一个有机协同的整体，能够为环保技术企业提供全方位的金融支持。如何实现这些体系的有效衔接和协同作用，避免重复或资源浪费，是构建这一政策性金融体系时需要特别注意的关键问题。

　　在推动各金融体系协同运作时，需要注意以下几点：

　　第一，政策协调性，各金融体系的政策必须保持高度协调，避免重复投资和资源浪费。例如，财政支持体系和产业引导基金不应在同一项目同时进行资金投入，避免资金重复支持同一项目。

　　第二，风险分担机制，在设计融资担保和科技保险体系时，政府应明确各方责任，确保各体系的风险分担合理，避免单一体系承担过多风险。

　　第三，市场化运作，尽管政府在政策性金融体系中扮演着重要角色，但应鼓励市场机制的作用，避免过度干预。政府资金支持应更多地通过市场化的方式进行，如通过引导基金、股权投资等形式，而非直接补贴。

　　第四，金融体系的创新，随着环保技术的不断发展，金融工具也应随之创新。政府应鼓励金融机构开发绿色金融产品，支持环保企业的多元化融资需求。

第二节　培育发展环保科技创投引导基金

第一，加强对绿色产业等新兴初创企业的征信机制和担保机制建设，为社会资本和外资创造更加宽松的环境，大力发展股权融资，拓宽企业融资渠道。

第二，重视金融技术在引导基金管理中的作用，借助信息化科技手段逐渐优化基金服务绿色产业的专业能力，发挥科技金融信息数据库、人工智能、区块链等技术手段的作用。通过跟踪公司信息和大数据分析，构建环保科创企业、环保技术用户和金融资本之间畅通快速的直接信息联系，根据环保技术需求为不同的客户提供差异化的产品，实现环保技术的实际推广应用。

第三，合理划分政府与市场边界，建立健全引导基金支持体系。政府引导基金应明确基金管理中政府和市场的职能，通过市场化独立运作的方式吸引社会资本进入绿色投资项目，提高引导基金中社会资本所占比例。同时政府应基于服务初创期、成长期企业政策目标定位，统筹制定合理绿色环保发展政策，包括激励政策和约束政策。

第三节　健全绿色金融银行信贷体系

尽管从"源头"方面提供了更多的绿色信贷供给量，但并不能保证绿色信贷政策实施过程中真正意义上实现"绿色化"，因而从政府角度出发，应加大政府对绿色金融的支持力度，将环境污染和生态保护指标纳入各地方政府考核评价体系中。目前，绿色信贷政策框架体系已经基本建立，虽然国家相关部门先后颁布了一系列有关绿色信贷的政策文件，但各地区政府为了实现经济指标的快速提升，没有将绿色信贷政策实施到位。实证结果与历年数据均说明绿色信贷在短时间内的经济效应较低，并且最终政策实施效果存在时滞性，为了提高政府对绿色信贷政策的重视程度，应将反映经济与环境可持续发展的指标纳入地方政府的绩效考核中，从而提醒政府规范行为，减少绿色信贷实施过程中的阻碍。

同时，完善奖惩机制，为绿色信贷政策的实施营造健康外部环境。只有奖惩机制效果明显，才能使"两高"产业意识到环境污染的重要性，更能激励产业进行适当转型以实现可持续发展。同时，政府部门也应及时掌握银行业的信贷投放动向。若有机构无视政策规定，向不符合环保标准的污染项目提供信贷支持，将追究责任并加以惩戒；若有机构严格执行绿色信贷政策，并成效显著，则可实行激励优惠政策，从而保证银行业严格高效地执行绿色信贷政策。

金融机构在关注自身经营效益的同时，还要进行绿色化转型，增强机构可持续竞争力。一方面，商业银行在总体上要推动绿色信贷发展，在地方经济发展不同、资源环境存在差异的情况下，还应根据产业特点制定有差异的绿色信贷政策，这就要求商业银行在切实执行绿色信贷政策的基础上，根据具体情况设计出符合当地特色的绿色信贷业务。另一方面，提升绿色信贷评价指标，明确统一评价指标、合理设计评价流程，还要保障信息的公开透明；还可以进一步精准划分区域，各区域金融机构可以根据地区发展，设计丰富多样的绿色金融产品，鼓励民间资本的聚集。

第四节　优化金融科技保险制度

一、政府的角度

首先，建立正确的引导机制。政府需进一步规范和引导保险行业的发展，让保险公司承担起一定的社会责任，规范科技保险业务。在资金运作方面，不断发展和完善资本市场，组织多方资金连接科技保险基金，通过社会资金的投入解决企业研发资金不足的问题，为科技创新提供资金支持。在企业风险意识方面，增强科创企业的风险防控意识，加大科技保险案例的推广宣传，鼓励企业积极投保。

其次，建立健全财政补贴政策。一方面，财政补贴范围尽可能多角度全覆盖。建立起多层次的财政补贴体系，对科技环保企业的补贴力度可以从创新水平、风险大小、企业发展阶段等不同方面进行考量；同时，也要考虑地域、险种的区别，针对性地进行补贴标准设计。另一方面，简化审批流程。目前，环保企业在申请科技保险补贴时面临手续复杂、审批难的问题，因此，政府在简政放权的基础上优化审批流程，提高资金发放效率，为环保技术创新扩散企业开通绿色通道，让各类补贴对环保技术创新扩散企业起到实实在在的效果。

最后，加大政策性科技投入力度。尽管我国政府将财政科技投入看作科技保险方面不可或缺的要素，但目前还未进行长久的制度设计。与发达国家相比，我国政府在科技方面的投资总额和财政支出力度明显要小，尤其是对环保企业的补贴力度和政策倾斜。在这种情况下，需要更完善的制度和更积极的激励政策，创造一个长期的模式，促进金融对科技的投资发挥持久的作用。只有这样，政府才能继续发挥引导科技保险市场和规范科技金融服务的重要作用，有效提高政府科技投资的效率。

二、保险机构的角度

首先，保险机构要积极创新科技保险业务。为促进科技保险业务的发展，保险机构不仅要积极了解市场状况，从企业的实际发展出发，真正了解企业的相关需求，还要考虑到行业的不同、具体研发项目风险的差异，积极开发新保险产品，不断完善已有的保险种类，达到科技保险有效防范风险和转移风险的目的，为相关企业的发展和科技研发提供充分的保障。

其次，保险机构积极为环保企业打造定制化投保方案。针对重污染上市企业融资难的问题，科技保险公司可以打造出量身定做的企业融资的方案，保险机构不仅要利用科技保险为环保企业提供风险管理，还要结合其他方式解决环保企业的资金问题。

最后，保险机构应为环保企业提供丰富的融资渠道。一是进一步扩大再保险的投资范围，不断增强投入强度，在做好投资的同时，将企业的经济责任和社会效益相结合。二是设立科技基金，为具有一定融资需要的公司创造投资新途径，科技基金有利于保险机构以长期贷款的方式为企业发展提供资金条件，解决企业融资需求。三是加强与其他金融机构的合作，提高科技保险产品的信用，与商业银行合作开发信用保证产品，建立科技保险的信用分担机制。

第五节 完善环保技术扩散的配套政策体系

一、加强环保技术扩散社会网络平台建设

政府应将构建环保技术社会网络平台纳入公共战略投资，以系统化思想制定政策，推动建立良好的宣传交流合作体系。

第一，在环保技术扩散社会网络平台建设技术方面，可以将云计算、大数据等新兴网络技术运用到社会网络平台构建中，根据技术需求方的个体特征差异，优化引导基金管理模式设计，实现技术筛选、信用体系评估等个性化服务目标，满足环保技术资源高效整合和交流推广的需求。

第二，政府应推进各地区以"绿色发展与企业创新"等为主题的政企银研讨会与各类绿色基金业务研讨会的开展，加强政府与金融机构、企业、中介机构等环保技术扩散参与主体的具体业务探讨，鼓励政府引导基金针对企业环保技术创新扩散开展投贷联动业务，支持其引导社会资本集聚，设立环保科技产业园并完善知识产权体系，创建互利共赢的全方位合作的绿色发展新格局。同时应构建一套合理有效的绿色制造标准体系，向国际标准靠齐。

第三，增强企业、社会的生态环保责任意识。政府相关部门可以加强环保技术传播的教育和宣传，树立金融消费者的环保消费理念，倡导简约适度、绿色低碳的生活方式。使企业认识到环保技术扩散对自身发展所带来的效益，发动全社会力量构建节能减排和绿色低碳的经济社会。

二、加强环保领域知识产权保护

在推进绿色低碳发展的背景下，坚持依法保护与严格管理相结合的原则，对于强化知识产权的全面、系统保护，加速知识产权强国建设，以及提升知识产权的创造、运用、管理和服务水平，具有不可估量的价值。这一过程不仅关乎技术创新的激励与保障，更是推动环保技术快速发展、促进经济社会绿色转型的关键所在。

加强企业环保技术的专利保护。针对企业自主研发的环保技术，应建立健全快速响应的专利保护机制。鼓励企业及时申请专利，通过法律手段保护其技术成果不被侵犯。政府可设立专项基金，为环保技术专利申请提供资助，减轻企业负担。同时，加强专利审查的透明度与效率，确保高质量、创新性的环保技术能够及时获得专利保护，激发企业持续创新的热情。

重大科技创新成果的专利保护。对于具有重大科技创新意义的新技术、新产品，应实施更加严格的专利保护策略。这些技术往往代表行业发展的前沿方向，对于推动产业升级、实现绿色转型具有重要意义。因此，应优先审查、快速授权，确保这些技术成果能够迅速转化为生产力。此外，还应加强国际专利布局，为企业在全球范围内保护其创新成果提供有力支持。

建立健全知识产权纠纷化解机制。为有效应对知识产权纠纷，应建立健全多元化的纠纷化解机制。这包括加大知识产权行政执法力度，提高执法效率与公正性；完善司法保护体系，确保知识产权案件得到及时、公正的审理；同时，推动建立知识产权仲裁、调解等替代性纠纷解决机制，为当事人提供更加便捷、高效的纠纷解决途径。此外，还应加强知识产权信息服务与咨询，提高社会公众对知识产权的认知与尊重。

加大打击知识产权侵权力度。针对知识产权侵权活动，应始终保持高压态势，加大打击力度。建立健全跨部门、跨区域的联合执法机制，形成对侵权行为的强大震慑力。对于情节严重的侵权行为，依法追究侵权人的刑事责任，让侵权者付出沉重代价。同时，加强社会监督与舆论引导，营造尊重知识、崇尚创新的社会氛围，让保护知识产权成为全社会的共识与行动。

三、建立健全技术市场体系

为了促进资源环境价格形成市场化，并健全相应的价格机制，我们需要采取一系列深化改革和创新的措施，以确保资源的合理配置和环境的可持续保护。

促进资源环境价格形成市场化。完善市场机制，逐步放开资源环境相关产品的价格管制，让市场供求关系在价格形成中发挥决定性作用。建立科学的定价体系，针对不同类型的资源环境产品，建立科学合理的定价体系。加强监管与评估，在市场化价格形成过程中，政府应加强监管，防止市场垄断和价格操纵行为的发生。同时，建立定期的价格评估机制，根据市场变化和资源环境状况及时调整价格政策，确保价格机制的灵活性和有效性。

健全资源环境价格机制。实施差异化价格政策，针对不同行业、不同企业和不同区域的资源环境使用情况，实施差异化的价格政策。建立生态补偿机制，完善生态补偿制度，对生态环境保护作出贡献的地区和个人给予经济补偿。这有助于平衡生态保护与经济发展的关系，激励更多地区积极参与生态保护工作。加强政策协同，在健全资源环境价格机制的过程中，要注重与财政、税收、金融等政策的协同配合。通过综合运用多种政策手段，形成政策合力，共同推动资源环境价格机制的有效运行。

建设开放有序的环保科技市场。降低市场准入门槛，放宽对环保科技企业的市场准入限制，鼓励更多社会资本和创新力量进入环保科技领域。完善市场服务体系，建立健全环保科技市场的服务体系，为企业提供全方位、一站式服务，降低其运营成本和市场风险。加强市场监管，建立健全环保科技市场的监管体系，加强对市场行为的监督和管理。打击不正当竞争和违法行为，维护市场秩序和公平竞争环境。

鼓励建立跨区域合作与技术交流机制。搭建合作平台，建立跨区域的环保技术合作平台，通过平台共享资源、互通信息、协同攻关，推动环保技术的快速扩散和广泛应用。鼓励和支持企业、高校和科研机构之间开展技术交流与合作，加强技术交流和人才培养，提升整体技术水平和创新能力。实施联合攻关，针对环保领域的关键技术和共性难题，组织跨区域、跨行业的联合攻关项目。通过集中优势资源、协同作战的方式，攻克技术难关，推动环保技术的突破和应用。

四、强化人才政策保障

建立和完善人才培养制度。为了确保人才培养的系统性和有效性，必须建立和完善一套科学、合理的人才培养制度。此外，还应建立导师制度，为每位学生配备专业导师，提供个性化的指导和帮助。同时，鼓励跨学科交流与合作，培养具有综合素质和创新能力的复合型人才。

完善激励机制。为了激发人才的积极性和创造力，必须完善相应的激励机制。这包括设立奖学金、助学金等奖励措施，表彰在环保领域取得优异成绩的学生和教师；提供职业发展机会和晋升空间，鼓励优秀人才在环保领域长期耕耘；加强知识产权保护，确保创新成果得到应有的回报和尊重。通过这些措施，可以吸引更多优秀人才投身于环保事业，推动环保技术的不断创新与发展。

加大对高校毕业生从事环保技术工作的支持力度。政府和企业应加大对环保技术岗位的招聘力度，提供具有竞争力的薪资待遇和职业发展前景；同时，建立高校毕业生环保技术创业扶持机制，为他们提供创业指导、资金支持和市场对接等服务，帮助他们顺利实现从校园到职场的转变。

积极推动环保领域引才引智政策。积极推动环保领域的引才引智政策，包括放宽外籍人才来华工作的限制、提供优厚的工作和生活条件、加强国际交流与合作等。通过这些措施，可以吸引更多国际环保领域的优秀人才来华工作、学习和交流，推动我国环保事业的国际化发展。

五、加快健全相关法律法规体系

在构建生态文明和推动绿色发展的进程中，立法规范与制度保障是确保污染排放得到有效治理和环境监管有力执行的关键。为此，我们需要从多个维度出发，构建一套全面、系统且高效的法律与制度体系，以应对日益严峻的环境保护挑战。

立法规范和保障污染排放治理和环境监管。必须加快立法步伐，制定和完善与污染排放治理和环境监管相关的法律法规。这些法律应明确界定污染排放的标准、限制和处罚措施，确保企业和个人在生产经营活动中严格遵守环保法规，减少污染物排放。同时，法律还应赋予环保部门足够的权力和手段，以加大环境监管和执法力度，对违法行为进行严厉打击，形成有效的震慑力。

建立健全环境污染强制责任保险制度。为了分散企业因环境污染而面临的经济风险，并增强其环境责任意识，应建立健全环境污染强制责任保险制度。该制度要求企业在生产经营活动中必须投保环境污染责任险，一旦发生环境污染事故，保险公司将按照合同约定承担相应的赔偿责任。这样不仅可以减轻企业的经济负担，还可以促使企业更加注重环境保护，预防污染事故的发生。

　　制定完善的生态保护补偿和生态损害赔偿制度。为了保护和恢复生态系统功能，应制定完善的生态保护补偿和生态损害赔偿制度。生态保护补偿制度旨在通过经济手段激励生态保护行为的实施，对在生态保护中作出贡献的地区和个人给予一定的经济补偿。而生态损害赔偿制度则是对造成生态损害的行为进行责任追究和赔偿，确保受损的生态环境能够得到及时修复和补偿。这两项制度的建立和实施，将有助于提高全社会对生态保护的认识和重视程度。

　　进一步加大监督检查和执法力度。为了确保各项环保法规得到有效执行，必须进一步加大监督检查和执法力度。这包括加强环保部门的队伍建设，提高执法人员的专业素质和执法能力；建立健全环保监测网络，实现对重点污染源和敏感区域的实时监控；加大对企业排污许可证制度执行情况的督查和执法检查力度，确保企业严格按照排污许可证的要求进行生产经营活动。

参考文献

［1］ Amir Heiman, Joel Ferguson, David Zilberman. Marketing and Technology Adoption and Diffusion ［J］. Applied Economic Perspectives and Policy, 2020, 42（1）: 21-30.

［2］ Amit R, et al. Venture Capital and the Structure of Capital Markets: Banks Versus Stock Markets ［J］. Journal of Financial Economics, 1998, 49（3）: 269-296.

［3］ Cao Hongjie, Qi Yu, Chen Jianwei, et al. Incentive and Coordination: Ecological Fiscal Transfers' Effects on Ecoenvironmental Quality ［J］. Environ-mental Impact Assessment Review, 2021（3）: 1-10.

［4］ Cristian Barra, et al. Cooperation, Diffusion of Technology and Environ-mental Protection: A New Index ［J］. Quality & Quantity, 2019, 53: 1913-1940.

［5］ De la Fuente A, Maríne R. Financial Development and the Financing of New Firms: A Comparative Study of the G-7 Countries ［M］. Cambridge, MA: MIT Press, 1996.

［6］ Gompers P, Lerner J. The Use of Covenants: An Empirical Analysis of

Venture Partnership Agreements [J]. Journal of Law and Economics, 1996, 39: 463-498.

[7] Hugonnier J, Morellec E. Bank Capital, Liquid Reserves, and Insolvency Risk [J]. Journal of Financial Economics, 2017, 125 (2): 266-285.

[8] Kevin van, Blommestein, et al. Structuring Financial Incentives for Residential Solar Electric Systems [J]. Renewable Energy, 2018 (115): 28-40.

[9] Moynihan D P, Stéphane Lavertu. Cognitive Biases in Governing: Technology Preferences in Election Administration [J]. Public Administration Review, 2012, 72 (1): 68-77.

[10] OH Deog-Seong. The Impact of Social Networking Services Technology on Society: From the Aspect of Adaptive Structuration Theory [J]. J-GLOBAL, 2011, 1 (2): 110-123.

[11] Perez F, Cibert J, Vladimirova M, Scalbert D. Spin Waves in Magnetic Quantum Wells with Coulomb Interaction and Sd Exchange Coupling [J]. Physical review, 2010, 83: 075311. 1-075311. 9.

[12] Pozzebon M, Mackrell D, Nielsen S. Structuration Bridging Diffusion of Innovations and Gender Relations Theories: Acase of Paradigmatic Pluralism in IS Research [J]. Information Systems Journal, 2014, 24 (3): 229-248.

[13] Rogers E M. Diffusion of Innovations [M]. New York: Free Press, 1983.

[14] Sterner T, Turnheim B. How Important is Technological Innovation in Protecting the Environment? [J]. Ecological Economics, 2009, 68 (12), 2996-3006.

[15] Stoneman P, Diederen P. Technology Diffusion and Public Policy [J]. The Economic Journal, 1994, 104 (425): 918-930.

［16］Wisdom Kanda，et al. Components of Business Concepts for the Diffusion of Large Scaled Environmental Technology Systems ［J］. Journal of Cleaner Production，2015，128：156-167.

［17］白钦先，张坤. 中国政策性金融的历史演进 ［J］. 国际金融研究，2019（9）：3-9.

［18］白钦先. 中华金融辞库：政策性金融分卷 ［M］. 北京：中国金融出版社，1999.

［19］包贵萍. 碳排放权交易制度对企业绿色技术创新的影响 ［D］. 浙江财经大学，2019.

［20］曹鸿杰，卢洪友. 中国纵向转移支付的生态环境效应 ［J］. 中南财经政法大学学报，2020（4）：57-65.

［21］曹庆仁，周思羽. 中国碳减排政策对地区低碳竞争力的影响分析——基于省际面板数据的分析 ［J］. 生态经济，2020，36（11）：13-17+24.

［22］曹霞，张路蓬. 利益驱动对创新网络合作行为演化的影响机理及仿真——基于复杂网络拓扑结构视角 ［J］. 运筹与管理，2015，24（6）：160-169.

［23］曹霞，张路蓬. 企业绿色技术创新扩散的演化博弈分析 ［J］. 中国人口·资源与环境，2015，25（7）：68-76.

［24］陈琪，柴继帅. 董事高管责任保险、技术创新与公司绩效 ［J］. 财会通讯，2021（6）：42-45.

［25］陈诗一，陈登科. 雾霾污染、政府治理与经济高质量发展 ［J］. 经济研究，2018，53（2）：20-34.

［26］陈艳莹，游闽. 技术的互补性与绿色技术扩散的低效率 ［J］. 科学

学研究，2009，27（4）：541-545.

[27] 陈媛媛. 工业集聚对行业清洁生产与末端治理的影响 [J]. 南方经济，2011，（5）：17-27.

[28] 邓晓兰，孙长鹏. 企业创新、产业升级与政府引导基金的作用机制 [J]. 山西财经大学学报，2019，41（5）：54-67.

[29] 丁凤伟. 中国科技保险专业化经营研究 [D]. 辽宁大学，2017.

[30] 杜龙政，赵云辉，陶克涛，等. 环境规制、治理转型对绿色竞争力提升的复合效应——基于中国工业的经验证据 [J]. 经济研究，2019，54（10）：106-120.

[31] 段庆锋，潘小换. 组织间技术扩散网络对双元创新的影响研究 [J]. 研究与发展管理，2018，30（5）：27-37.

[32] 方军雄，秦璇. 高管履职风险缓释与企业创新决策的改善——基于董事高管责任保险制度的发现 [J]. 保险研究，2018（11）：54-70.

[33] 付晓蓉，赵冬阳，李永强，等. 消费者知识对我国信用卡创新扩散的影响研究 [J]. 中国软科学，2011（2）：120-131.

[34] 高玉强，周明珠，卢盛峰. "一带一路" 沿线国家税收竞争力对中国对外直接投资的影响 [J]. 税务研究，2021（2）：81-88.

[35] 苟燕楠，董静. 风险投资背景对企业技术创新的影响研究 [J]. 科研管理，2014，35（2）：35-42.

[36] 郭滕达，赵淑芳. 绿色技术银行：来自中国的探索 [J]. 中国人口·资源与环境，2019，29（12）：131-137.

[37] 郭晓杰. 我国科技保险演化发展与河北策略研究 [J]. 经济论坛，2021（5）：31-36.

[38] 郭雨辰. 黄河三角洲高效生态经济发展远景再认识：以滨州市滨

城区为例［J］. 中文信息，2019（6）：90-91.

［39］国家开发银行课题组. 支持创新的金融体系和政策建议［J］. 保险研究，2018（6）：124-127.

［40］何德旭，姚战琪. 政策性金融与西部大开发［J］. 金融研究，2005（6）：17-32.

［41］何凌云，梁宵，杨晓蕾，等. 绿色信贷能促进环保企业技术创新吗［J］. 金融经济学研究，2019，34（5）：109-121.

［42］何圆，李轲，王伊攀. 养好老才能生好小：父辈养老投资与青年子女生育决策［J］. 财经研究，2023，49（1）：109-123.

［43］何圆，佘超，王伊攀. 社会互动对老年人消费升级的影响研究—兼论广场舞的经济带动效应［J］. 财经研究，2021，47（6）：124-138.

［44］何志雄，曲如晓. 农业政策性金融供给与农村金融抑制：来自147个县的经验证据［J］. 金融研究，2015（2）：148-159.

［45］贺俊，吕铁，黄阳华，等. 技术赶超的激励结构与能力积累：中国高铁经验及其政策启示［J］. 管理世界，2018，34（10）：191-207

［46］胡瑞纹. 科技保险的财政补贴研究［D］. 西南财经大学，2016.

［47］胡晓炼. 政策性金融服务"一带一路"的优势［J］. 中国金融，2017（9）：28-30.

［48］华岳，唐雅琳，成程. 风险投资如何影响城市创新——基于政府引导基金的工具变量分析［J］. 产业经济评论，2019（1）：74-90.

［49］黄嵩，倪宣明，张俊超，等. 政府引导基金能促进技术创新吗？——基于我国科技型初创企业的实证研究［J］. 管理评论，2020，32（3）：110-121.

［50］黄宇虹，黄霖. 金融知识与小微企业创新意识、创新活力：基于

中国小微企业调查（CMES）的实证研究［J］. 金融研究，2019（4）：149-167.

　　［51］贾康，孟艳. 招投标方式政策性金融：运转条件、发展空间与相关框架探讨［J］. 财贸经济，2009（10）：5-11.

　　［52］江鸿，石云鸣. 共性技术创新的关键障碍及其应对：基于创新链的分析框架［J］. 经济与管理研究，2019，40（5）：74-84.

　　［53］景维民，张璐. 环境管制、对外开放与中国工业的绿色技术进步［J］. 经济研究，2014，49（9）：34-47.

　　［54］鞠晓生，卢荻，虞义华. 融资约束、营运资本管理与企业创新可持续性［J］. 经济研究，2013，48（1）：4-16.

　　［55］黎文靖，郑曼妮. 实质性创新还是策略性创新？——宏观产业政策对微观企业创新的影响［J］. 经济研究，2016，51（4）：60-73.

　　［56］李春. 环境规制对技术创新的影响分析——基于2005～2017年我国省际面板数据的实证研究［J］. 国土与自然资源研究，2020（5）：29-32.

　　［57］李红坤. 基于监管导向的我国科技保险运营绩效核算［J］. 保险研究，2014（10）：71-86.

　　［58］李健，陈传明，孙俊华. 制造业企业组织冗余、产权性质与企业绩效——基于中国上市公司面板数据的实证研究［J］. 南大商学评论，2013，10（2）：43-61.

　　［59］李俊强，孙笑倩. 战略性新兴产业的政策性金融支持体系构建：基于企业演变模式和产业生命周期的分析［J］. 金融教学与研究，2014（3）：21-23.

　　［60］李林，戚文军，蔡畅，等. 国内镁合金自主知识产权的关键共性技术—专利动态分析［J］. 轻合金加工技术，2010，38（10）：9-14.

［61］李敏鑫，朱朝晖，罗文波．环境污染责任保险对企业债务融资成本的影响研究［J］．保险研究，2021（1）：40-57.

［62］李平，刘利利，李蕾蕾．政府研发资助是否促进了技术进步：来自66个国家和地区的证据［J］．科学学研究，2016，34（11）：1625-1636.

［63］李善民，梁星韵．创投机构响应政策还是迎合政策？——基于政府引导基金激励下的投资视角［J］．证券市场导报，2020（9）：14-23.

［64］李似鸿．金融需求、金融供给与乡村自治：基于贫困地区农户金融行为的考察与分析［J］．管理世界，2010（1）：74-87.

［65］李晓西，夏光．加强对绿色金融的研究［C］//全国高校社会主义经济理论与实践研讨会领导小组．社会主义经济理论研究集萃（2014）——新常态下的中国经济．西南财经大学发展研究院，2014：6.

［66］李永东．政策性金融机构支持粮食主产区农业增长问题探索［J］．宏观经济研究，2017（11）：150-156.

［67］连玉君，苏治．融资约束、不确定性与上市公司投资效率［J］．管理评论，2009，21（1）：19-26.

［68］林建浩，赵子乐．均衡发展的隐形壁垒：方言、制度与技术扩散［J］．经济研究，2017，52（9）：182-197.

［69］刘凤朝，沈能．金融发展与技术进步的Geweke因果分解检验及协整分析［J］．管理评论，2007（5）：3-8+20+63.

［70］刘鹤．技术扩散与产业结构优化关系的理论分析［J］．商业时代，2013，（14）：117-118.

［71］刘丽巍，季晓旭．在宏观审慎框架下发展我国的政策性住房金融［J］．经济社会体制比较，2014（1）：67-79.

［72］刘青海．演化经济学框架下环保技术扩散研究：以熔炼压缩炼铁

技术的扩散为例 [J]. 科技进步与对策，2011，28（11）：156-160.

［73］吕希琛，徐莹莹，徐晓微. 环境规制下制造业企业低碳技术扩散的动力机制——基于小世界网络的仿真研究 [J]. 中国科技论坛，2019，（7）：145-156.

［74］罗明忠，陈江华. 农民合作社的生成逻辑：基于风险规避与技术扩散视角 [J]. 西北农林科技大学学报（社会科学版），2016，16（6）：43-49.

［75］马骏. 中国绿色金融的发展与前景 [J]. 经济社会体制比较，2016（6）：25-32.

［76］马宇. 新兴经济体跨境资本流量合意区间测算研究 [M]. 中国社会科学出版社，2023.

［77］毛其淋，许家云. 中国企业对外直接投资是否促进了企业创新 [J]. 世界经济，2014（8）：98-125

［78］苗文龙. 国家救助、地方金融分权与金融波动 [J]. 当代财经，2019（5）：47-60.

［79］齐绍洲，林屾，崔静波. 环境权益交易市场能否诱发绿色创新？——基于我国上市公司绿色专利数据的证据 [J]. 经济研究，2018，53（12）：129-143.

［80］钱先航，曹廷求，李维安. 晋升压力、官员任期与城市商业银行的贷款行为 [J]. 经济研究，2011，46（12）：72-85.

［81］邱洋冬. 专利保险能否激励企业创新？——基于广延边际与集约边际的视角 [J]. 产业经济研究，2022（2）：114-127.

［82］任辉. 科技保险的困境——一个制度供求非均衡分析 [J]. 云南大学学报（社会科学版），2019，18（2）：116-122.

［83］沈飞，周延，刘峻峰．董事高管责任保险促进还是抑制企业创新
［J］．技术经济，2021，40（5）：82-92.

［84］宋英杰，刘俊现．条块并存的环境分权对环保技术扩散的影响
［J］．中国人口·资源与环境，2019，29（5）：108-117.

［85］苏丹，姚林华，邹博清．构建绿色基金体系支持绿色经济发展的
思路及建议——以广西为例［J］．区域金融研究，2018（5）：56-59+64.

［86］孙冰，田胜男，姚洪涛．创新网络的小世界效应如何影响突围性
技术扩散：基于转换成本的调节作用［J］．管理评论，2018，30（3）：
72-81.

［87］孙宏涛．美国知识产权保险制度研究［J］．华北水利水电学院学报
（社科版），2006（4）：96-99.

［88］孙晓华，王昀．企业规模对生产率及其差异的影响——来自工业
企业微观数据的实证研究［J］．中国工业经济，2014（5）：57-69.

［89］孙志红，吴悦．技术进步、金融发展与产业升级——基于供给侧
改革背景下新疆地区的研究［J］．科技管理研究，2017，37（17）：109-114.

［90］滕永刚，鞠晓峰．航天技术扩散的社会经济效益促进研究［J］．工
业技术经济，2007（9）：76-79.

［91］田淑英，郑飞鸿．环保 R&D 投入是如何影响绿色技术创新效率
的？［J］．安徽大学学报（哲学社会科学版），2019，43（3）：148-156.

［92］佟大建，黄武．社会经济地位差异、推广服务获取与农业技术扩
散［J］．中国农村经济，2018（11）：128-143.

［93］王爱国，刘洋．政府绿色政策与低碳企业投资行为的相关性研究
［J］．东岳论丛，2019，40（7）：127-139.

［94］王朝才．关于财政投融资的几个问题［J］．财政研究，1995（2）：

44-50.

[95] 王晖，谢申祥．资本偏向型税收优惠政策与企业价值—来自固定资产加速折旧政策的经验研究 [J]．南开经济研究，2024（1）：165-183.

[96] 王伟．政策性融资范畴界定与研究展望 [J]．地方财政研究，2019（5）：83-87.

[97] 王欣欣．规制研发与绿色创新 [J]．技术经济与管理研究，2021（8）：25-30.

[98] 王伊攀，何圆．环境规制、重污染企业迁移与协同治理效果—基于异地设立子公司的经验证据 [J]．经济科学，2021（5）：130-145.

[99] 王伊攀，朱晓满．政府采购对企业"脱实向虚"的治理效应研究 [J]．财政研究，2022（1）：94-109.

[100] 王永钦，李蔚，戴芸．僵尸企业如何影响了企业创新？—来自中国工业企业的证据 [J]．经济研究，2018，53（11）：99-114.

[101] 夏同水，臧晓玲．董事高管责任保险、股权结构与企业技术创新 [J]．财会月刊，2019（22）：168-176.

[102] 肖汉杰，王华．低碳环境友好技术创新扩散非对称演化博弈研究 [J]．中国科技论坛，2017（8）：20-27.

[103] 邢雯佳．科技保险对高新技术企业创新绩效的影响研究 [D]．武汉理工大学，2018.

[104] 徐明．政府引导基金是否发挥了引导作用——基于投资事件和微观企业匹配数据的检验 [J]．经济管理，2021，43（8）：23-40.

[105] 徐珊，李菲菲．战略性新兴产业资金运作模式与金融支持效应研究：基于对集成电路产业的分析 [J]．国际金融，2019（6）：31-39.

[106] 徐胜，赵欣欣，姚双．绿色信贷对产业结构升级的影响效应分析

［J］．上海财经大学学报，2018，20（2）：59-72．

［107］许宁狄．论如何构建技术创新条件下的国寿特色保险生态圈［J］．保险职业学院学报，2016，30（1）：37-41．

［108］阎庆民．构建以"碳金融"为标志的绿色金融服务体系［J］．中国金融，2010（4）：41-44．

［109］杨灿明．浅谈建立我国财政的长期投融资体系［J］．财政研究，1993（7）：16-18．

［110］杨国忠，姜玙．多代竞争环境下政府补贴对绿色技术扩散的影响［J］．科技管理研究，2018，38（19）：247-255．

［111］杨军，周月书，楮保金．政府创业风险投资引导基金组织制度安排与代理成本分析［J］．经济学动态，2009（6）：81-84．

［112］杨敏利，李昕芳，仵永恒．政府创业投资引导基金的引导效应研究［J］．科研管理，2014，35（11）：8-16．

［113］杨文．科技保险发展创新研究［D］．西南财经大学，2012．

［114］姚海明，徐林南．科技保险支持创新型企业发展的机制研究——以苏州市为例［J］．中国保险，2014（6）：22-26．

［115］曾炳昕，丁庆国，朱磊．碳市场中市场势力对减排技术采用的影响［J］．中国管理科学，2022，30（2）：38-47．

［116］张吉坤．长三角一体化背景下金融支持与绿色发展的耦合协调性研究：基于六安市的实证分析［J］．金融经济，2021（4）：68-74．

［117］张健，张威，赵宇虹．战略性新兴产业共性技术创新中的市场失灵与政府作用研究［J］．科技管理研究，2017，37（10）：35-41．

［118］张江涛．发达经济体政策性住房金融与房价稳定的关系研究［J］．国际金融，2018（1）：73-80．

［119］张艳萍．宁波市科技保险发展策略分析［J］．决策咨询，2018（4）：14-17.

［120］张元萍，刘泽东．金融发展与技术创新的良性互动：理论与实证［J］．中南财经政法大学学报，2012（2）：67-73+92+143-144.

［121］张云辉，赵佳慧．绿色信贷、技术进步与产业结构优化——基于PVAR模型的实证分析［J］．金融与经济，2019（4）：43-48.

［122］郑艺，潘婧．科技保险智领未来——第十二届中国保险业信息化发展座谈会成功召开［J］．金融电子化，2019（5）：45-47.

［123］郑月龙，杨柏，王琳．产业共性技术扩散行为演化及动力机制［J］．中国科技论坛，2019（5）：26-34.

［124］周力，应瑞瑶．我国FDI技术溢出效应的交易费用解析［J］．经济前沿，2009，（Z1）：41-47.

［125］周茹．专利执行保险与技术创新绩效的实证研究［D］．郑州航空工业管理学院，2019.

［126］周潇，盛永祥，吴洁，等．不同类型政府和企业对产业共性技术研发的投资策略研究［J］．研究与发展管理，2017，29（3）：98-109.

［127］庄天慧，余崇媛，刘人瑜．西南民族贫困地区农业技术推广现状及其影响因素研究：基于西南4省1739户农户的调查［J］．科技进步与对策，2013，30（9）：37-40.

［128］邹洋，叶金珍，李博文．政府研发补贴对企业创新产出的影响——基于中介效应模型的实证分析［J］．山西财经大学学报，2019，41（1）：17-26.

后　记

本书是山东工商学院宋英杰教授主持的国家社科基金"政策性金融助推环保技术扩散的动力机制及效应研究"（项目编号：20BJL041）、山东省社科规划重点项目"科技金融推动山东省科技—产业—金融良性循环的机制与路径研究"（项目编号：23BKRJ02）、山东省人文社会科学课题"政策性金融助推环保技术扩散研究"（项目编号：2023-2k2d-015）和山东省青年社科人才团队"政策性金融与生态环保产业高质量发展创新团队"的重要成果，特别感谢相关单位对本书的资助。

本书由宋英杰教授设计提纲，并主笔、修改和统稿。本书核心内容包括文献综述、理论分析和实证研究等，部分已形成国家社科基金结题报告《基于政策性金融视角的技术扩散机制及效应研究》，并在此基础上进行了部分扩展论述。感谢硕士研究生马富伟、鲁雅戈、郑晓楠、厉华杰、杨亚洲对本书撰写的特别贡献，对书中文献综述、国际经验借鉴、相关实证章节内容做了大量基础性工作，他们的参与使本书得以顺利出版。感谢山东工商学院金融学院在本书撰写过程中提供的大力支持，感谢金融学院众多老师对本书撰写的启发和建议。最后，感谢经济管理出版社在本书出版过程中给予的细致有效的编审工作。

宋英杰

2025 年 3 月